MÉTHODE INGÉNIEUSE

ou

ALPHABET SYLLABIQUE

POUR APPRENDRE A LIRE AUX ENFANS.

PARIS,	LIMOGES,
Chez Martial Ardant Frères,	Chez Martial Ardant Frères,
rue Hautefeuille, 14.	rue des Taules.

1846

MÉTHODE INGÉNIEUSE,

ou

ALPHABET

SYLLABIQUE,

POUR APPRENDRE A LIRE AUX ENFANS,

NOUVELLE ÉDITION,

Augmentée de plusieurs Leçons Religieuses et Morales,
De notices sur l'histoire des Animaux et des Arts et Métiers, etc., etc.

Par l'abbé Laurent.

Soyez toujours bien sage, mon Enfant.

PARIS,	LIMOGES,
Chez Martial Ardant Frères,	Chez Martial Ardant Frères,
rue Hautefeuille, 14.	rue des Taules.

1845.

EXTRAIT

DES MAXIMES DE LA SAGESSE.

Craignez un Dieu vengeur et tout ce qui le blesse ;
C'est-là le premier pas qui mène à la sagesse.

Ne plaisantez jamais ni de Dieu, ni des saints ;
Laissez ce vil plaisir aux jeunes libertins.

Que votre piété soit sincère et solide,
Et qu'à tous vos discours la vérité préside.

Tenez votre parole inviolablement,
Mais ne la donnez pas inconsidérément.

Soyez officieux, complaisant, doux, affable,
Poli, d'humeur égale, et vous serez aimable.

Du bien qu'on vous a fait soyez reconnaissant ;
Montrez-vous généreux, humain et bienfaisant.

Rappelez rarement un service rendu :
Le bienfait qu'on reproche est un bienfait perdu.

A la religion soyez toujours fidèle :
On ne sera jamais honnête homme sans elle.

Aimez le doux plaisir de faire des heureux,
Et soulagez surtout le pauvre malheureux.

Aimez à vous venger par beaucoup de bienfaits.
Parlez peu, pensez bien, et gardez vos secrets.

N'ayez point de fierté. Ne vous louez jamais ;
Soyez humble et modeste au milieu des succès.

Supportez les humeurs et les défauts d'autrui ;
Soyez des malheureux le plus solide appui.

Ne perdez point le temps à des choses frivoles ;
Le sage est ménager du temps et des paroles.

Ne demandez à Dieu ni grandeur, ni richesse :
Mais pour vous gouverner demandez la sagesse.

A *a* *a*	B b *b*
C c *c*	D d *d*
E e *e*	F f *f*
G g *g*	H h *h*
I i *i*	J j *j*

K k *k*	L l *l*
M m *m*	N n *n*
O o *o*	P p *p*
Q q *q*	R r *r*
S s *s*	T t *t*

U u *u*	V v *v*
X x *x*	Y y *y*
Z z *z*	Æ æ
Œ œ	É é *é*
È è *è*	Ê ê *ê*

A a b c d e f g h i j k l m
n o p q r s t u v x y z.

LET-TRES CA-PI-TA-LES.

A B C D E F G H I J
K L M N O P Q R S
T U V X Y Z.

LET-TRES I-TA-LI-QUES.

*A a b c d e f g h i j k l
m n o p q r s t u v x y z.*

CA-PI-TA-LES I-TA-LI-QUES.

*A B C D E F G H I J
K L M N O P Q R S
T U V X Y Z.*

VOYEL-LES.

a, e, i, o, u.

CON-SON-NES.

b c d f g h j k l m n p
q r s t v x y z

DIPH-THON-GUES.

æ, œ, ai, au, ei, eu, ay.

LET-TRES DOU-BLES.

fi, ffi, ff, fl, ffl.

LET-TRES AC-CEN-TUÉES.

â ê î ô û à è ì ò ù é ë ï ü

PONC-TU-A-TI-ONS.

Point	(.)	Apostrophe	(')
Virgule	(,)	Trait d'union	(-)
Point et virgule	(;)	Guillemet	(»)
Deux points	(:)	Astérisque	(*)
Point d'interrogation	(?)	Parenthèses	( )
Point d'admiration	(!)	Crochets	[ ]

CHIF-FRES.

1 2 3 4 5 6 7 8 9 0. 10.

SYL-LA-BES.

a	e	i	o	u
ba	be	bi	bo	bu
ca	ce	ci	co	cu
da	de	di	do	du
fa	fe	fi	fo	fu
ga	ge	gi	go	gu
ha	he	hi	ho	hu
ja	je	ji	jo	ju
la	le	li	lo	lu
ma	me	mi	mo	mu
na	ne	ni	no	nu
pa	pe	pi	po	pu
qua	que	qui	quo	qu
ra	re	ri	ro	ru
sa	se	si	so	su
ta	te	ti	to	tu
va	ve	vi	vo	vu
xa	xe	xi	xo	xu
ya	ye	yi	yo	yu
za	ze	zi	zo	zu

AU-TRES SYL-LA-BES.

ab	ad	af	al	am	an	as	au
bac	bal	bam	ban	bar	bas	bat	bau
cab	cal	cam	can	car	cas	cat	cau
dac	dal	dam	dan	dar	das	dat	dau
ec	el	em	en	er	es	et	eu
fac	fal	fam	fan	far	fas	fat	fau
gac	gal	gam	gan	gar	gas	gat	gau
hac	hal	ham	han	har	has	hat	hau
jac	jal	jam	jan	jar	jas	jat	jau
kac	kal	kam	kan	kar	kas	kat	kau
lac	lal	lam	lan	lar	las	lat	lau
mac	mal	mam	man	mer	mes	mat	mau
nac	nal	nam	nan	nar	nas	nat	nau
oc	ol	om	on	or	os	ot	ou
pac	pal	pam	pan	par	pas	pat	pau
quac	qua	quam	quan	quor	quos	quat	quau
rac	ral	ram	ran	rar	ras	rat	rau
sac	sad	sam	san	sar	sas	sat	sau
tac	taf	tam	tan	tar	tas	tat	tau
ac	vec	vic	voc	vom	ven	vat	vau
xac	xec	xic	xoc	xom	xen	xa	xau
yac	yec	yic	yoc	yom	yen	yaf	yau
zac	zec	zic	zoc	zom	zen	zaf	zau

MOTS FACILES A ÉPELER.

Pa pa.	Ca ve.	Mi di.
A mi.	Ra ce.	Pa ri.
Mi mi.	Ra re.	Mo re.
Ma ri.	Ra ve.	Lo ge.
Jo li.	Ri ve.	Pi le.
Po li.	Ro me.	Ca ge.
Lu ne.	Da me.	La me.

MOTS ACCENTUÉS A ÉPELER.

Pâ té.	Nî mes.	Ci té.
Cô té.	Cè ne.	Pè re.
Là che.	Tê te.	Fê te.
Sa ül.	Ha ïr.	Za ël.

L'O-RAI-SON DO-MI-NI-CA-LE.

No-tre : Pè-re : qui : ê-tes : aux : cieux que : vo-tre : nom : soit : sanc-ti-fié que : vo-tre : Ro-yau-me : nous : ar-ri-ve que : vo-tre : vo-lon-té : soit : fai-te : en la : ter-re : com-me : au : Ciel. : Don-nez nous : au-jour-d'hui : no-tre : pain quo-ti-dien : et : par-don-nez : nous nos : of-fen-ses : com-me : nous : par-don-nons : à : ceux : qui : nous : ont of-fen-sés : et : ne : nous : lais-sez : pas suc-com-ber : à : la : ten-ta-tion : mais dé-li-vrez : nous : du : mal : Ain-si soit-il.

LA SA-LU-TA-TION AN-GÉ-LI-QUE.

JE : vous : sa-lue : Ma-rie : plei-ne de : grâ-ces : le : Sei-gneur : est : a-vec vous : vous : ê-tes : bé-nie : en-tre : tou-tes : les : fem-mes : et : Jé-sus : le : fruit de : vo-tre : ven-tre : est : bé-ni : Sain-te Ma-rie : Mè-re : de : Dieu : pri-ez : pour nous : pau-vres : pé-cheurs : main-te-nant : et : à : l'heu-re : de : no-tre : mort. Ain-si soit-il.

LE SYM-BO-LE DES A-PO-TRES.

JE : crois : en : Dieu : le : Pè-re : tout puis-sant : cré-a-teur : du : ciel : et : de la : ter-re : et : en : Jé-sus : Christ : son Fils : u-ni-que : No-tre : Sei-gneur : qui a : é-té : con-çu : du : Saint : Es-prit est : né : de : la : Vier-ge : Ma-rie : a : souf-fert : sous : Pon-ce : Pi-la-te : a : é-té cru-ci-fié : est : mort : et : a : é-té : en-se-ve-li : qui : est : des-cen-du : aux en-fers : et : le : troi-siè-me : jour : est mon-té : aux : Cieux : et : est : as-sis : à : la droi-te : de : Dieu : le : Pè-re : tout : puis-sant : d'où : il : vien-dra : ju-ger : les vi-vans : et : les : morts.

Je : crois : au : Saint : Es-prit : la : Sain-te E-gli-se : Ca-tho-li-que : la : com-mu-ni-on : des : Saints : la : ré-mis-sion : des pé-chés : la : ré-sur-rec-tion : de : la chair : la : vie : é-ter-nel-le : Ain-si : soit-il.

LA CON-FES-SI-ON DES PÉ-CHÉS.

JE : me : con-fes-se : à : Dieu : Tout-Puis-sant : à : la : bien-heu-reu-se : Ma-rie : tou-jours : Vier-ge : à : Saint : Mi-chel : Ar-chan-ge : à : Saint : Jean-Bap-tis-te : aux : A-pô-tres : Saint : Pier-re et : Saint : Paul : à : tous : les : Saints par-ce : que : j'ai : pé-ché : par : pen-sé-es par : pa-ro-les : et : en : œu-vres : par ma : fau-te : par : ma : fau-te : par : ma très : gran-de : fau-te : C'est : pour-quoi je : prie : la : bien-heu-reu-se : Ma-rie tou-jours : Vier-ge : Saint : Mi-chel Ar-chan-ge : Saint : Jean : Bap-tis-te les : A-pô-tres : Saint : Pier-re : et : Saint Paul : et : tous : les : Saints : de : prier pour : moi : en-vers : le : Sei-gneur : no-tre : Dieu : Ain-si : soit-il.

QUE : le : Dieu : tout-puis-sant : nous fas-se : mi-sé-ri-cor-de : qu'il : nous par-don-ne : nos : pé-chés : et : nous con-dui-se : à : la : vie : é-ter-nel-le : Ain-si soit-il.

QUE : le : Sei-gneur : tout-puis-sant : et mi-sé-ri-cor-dieux : nous : don-ne : in-dul-gen-ce : ab-so-lu-ti-on : et : ré-mis-si-on de : tous : nos : pé-chés. : Ain-si : soit-il.

LA BÉ-NÉ-DIC-TI-ON DE LA TA-BLE.

BÉ-NIS-SEZ : (ce : se-ra : le : Sei-gneur) que
la : droi-te : de : Jé-sus : Christ : nous
bé-nis-se : a-vec : tou-tes : ces : cho-ses : que
nous : de-vons : pren-dre : pour : no-tre : ré-
fec-tion : Au : nom : du : Pè-re : et : du
Fils : et : du : Saint : Es-prit : Ain-si : soit-il.

AC-TI-ONS DE GRA-CES A-PRÈS LE RE-PAS.

O : Roi : ô : Dieu : tout-puis-sant : nous
vous : ren-dons : grâ-ces : pour : tous
vos : bien-faits : vous : qui : vi-vez : et : ré-
gnez : par : tous : les : si-è-cles : des si-è-
cles : Ain-si : soit-il.

LES DIX COM-MAN-DE-MENS DE DIEU.

1. UN : seul : Dieu : tu : a-do-re-ras
 Et : ai-me-ras : par-fai-te-ment.
2. Dieu : en : vain : tu : ne : ju-re-ras
 Ni : au-tre : cho-se : pa-reil-le-ment.
3. Les : Di-man-ches : tu : gar-de-ras
 En : ser-vant : Dieu : dé-vo-te-ment.
4. Pè-re : et : mè-re : ho-no-re-ras
 A-fin : que : tu : vi-ves : lon-gue-ment.
5. Ho-mi-ci-de : ne : com-met-tras
 De : fait : ni : vo-lon-tai-re-ment.
6. Lu-xu-ri-eux : point : ne : se-ras
 De : corps : ni : de : con-sen-te-ment.
7. Le : bien : d'au-trui : tu : ne : pren-dras
 Ni : re-tien-dras : in-jus-te-ment.

(14)

8. Faux : té-moi-gna-ge : ne : di-ras
   Ni : men-ti-ras : au-cu-ne-ment.
9. L'œu-vre : de : chair : ne : dé-si-re-ras
   Qu'en : ma-ri-a-ge : seu-le-ment.
10. Biens : d'au-trui : ne : con-voi-te-ras
    Pour : les : a-voir : in-jus-te-ment.

LES COM-MAN-DE-MENS DE L'É-GLI-SE.

1. Les : Di-man-ches : la : mes-se : ou-ï-ra
   Et : les : Fê-tes : pa-reil-le-ment.
2. Les : Fê-tes : tu : sanc-ti-fi-e-ras
   Qui : te : sont : de : com-man-de-ment.
3. Tous : tes : pé-chés : con-fes-se-ras
   A : tout : le : moins : u-ne : fois : l'an.
4. Et : ton : cré-a-teur : tu : re-ce-vras
   Au : moins : à : Pâ-ques : hum-ble-ment.
5. Qua-tre : temps : vi-gi-les : jeû-ne-ras
   Et : le : ca-rê-me : en-ti-è re-ment.
6. Ven-dre-di : chair : ne : man-ge-ras
   Ni : le : sa-me-di : mê-me-ment.

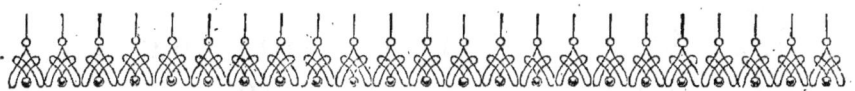

LES

SEPT PSAUMES PÉNITENTIAUX.

PSAUME 6.

Sei-gneur : ne : me : re-pre-nez : point dans : vo-tre : fu-reur : et : ne : me : cor-ri-gez : point : dans : le : fort : de : vo-tre co-lèr-e.

A-yez : pi-tié : de : moi : Sei-gneur : puis-que : je : suis : fai-ble : Sei-gneur : gué-ris-sèz-moi : car : le : mal : qui : me : ron-ge a : pas-sé : dans : mes : os : qui : en : sont tous : é-bran-lés.

Mon : â-me : est : a-bat-tue : de : tris-tes-se : mais : vous : Sei-gneur : jus-ques : à quand : dif-fé-re-rez : vous : ma : gué-ri-son.

Tour-nez : vos : yeux : sur : moi : Sei-gneur : et : sau-vez : mon : â-me : de : tous dan-gers : dé-li-vrez-moi : par : vo-tre : gran-de : bon-té : et : mi-sé-ricor-de.

Car : on : ne : se : sou-vient : point : de vous : par-mi : les : morts : et : qui : se-ra ca-pa-ble : de : cé-lé-brer : vos : lou-an-ges dans : les : en-fers.

Je : me : suis : tour-men-té : jus-ques : à ce : point : dans : mes : gé-mis-se-mens : que tou-tes : les : nuits : mon : lit : est : bai-gné et : ma : cou-che : est : ar-ro-sée : de : mes lar-mes.

Les : dou-leurs : m'ont : fait : pleu-rer : si a-mè-re-ment : que : j'en : perds : les : yeux je : me : suis : en-vieil-li : par : le : cha-grin de : voir : mes : en-ne-mis : se : ri-re : de mon : tour-ment.

Mais : re-ti-rez : vous : de : moi : vous : qui persis-tez : tou-jours : dans : vo-tre : mé-chan-ce-té : car : Dieu : a : en-ten-du : fa-vo-ra-ble-ment : la : voix : de : mes : pleurs.

Le : Sei-gneur : a : e-xau-cé : ma : pri-è-re le : Sei-gneur : a : re-çu : mon : o-rai-son.

Que : tous : nos : en-ne-mis : en : rou-gis-sent : de : hon-te : et : soient : at-teints : d'u-ne : a-gi-ta-tion : vio-len-te : qu'ils : s'en : re-tour-nent : cou-verts : de : con-fu-sion : et de : hon-te.

Gloi-re : soit : au : Pè-re : etc.

PSAUME 31.

Bien-heu-reux : sont : ceux : à : qui : les : i-ni-qui-tés : sont : par-don-nées : et dont : les : pé-chés : sont : cou-verts.

Bien-heu-reux : est : l'hom-me : à : qui Dieu : n'im-pu-te : point : sa : fau-te : a-près l'a-voir : com-mi-se : et : qui : n'a : point : de dé-gui-se-ment : dans : son : es-prit.

Par-ce : que : j'ai : gar-dé : mon : mal se-crè-te-ment : mes : os : com-me : en-vieil-lis : ont : per-du : leur : for-ce : par-mi : les cris : que : j'ai : je-tés.

Vo-tre : main : s'est : ap-pe-san-tie : sur moi : tant : que : le : jour : et : la : nuit : ont du-ré : la : dou-leur : qui : me : con-su-me m'a : des-sé-ché : com-me : l'her-be : du-rant les : cha-leurs : de : l'é-té.

C'est : pour-quoi : je : vous : ai : li-bre-ment dé-cla-ré : mon : of-fen-se : et : je : ne : vous ai : point : te-nu : mon : i-ni-qui-té : ca-chée.

Dès : que : j'ai : dit : Il : faut : que : je con-fes-se : con-tre : moi : mê-me : mon : pé-ché : au : Sei-gneur : vous : a-vez : re-mis l'im-pi-é-té : de : ma : fau-te.

C'est : ce : qui : ser-vi-ra : d'un : e-xem-ple mé-mo-ra-ble : à : tous : les : jus-tes pour : vous : a-dres-ser : leurs : pri-è-res : en temps : de : mi-sé-ri-cor-de.

Et : cer-tes : quand : un : dé-lu-ge : de maux : i-non-de-rait : tou-te : la : ter-re ils : n'en : pour-raient : ê-tre : au-cu-ne-ment : tou-chés.

Vous : ê-tes : mon : a-si-le : con-tre : tou-tes : les : ad-ver-si-tés : qui : m'en-vi-ron-nent : vous : qui : ê-tes : ma : joie : dé-li-vrez : moi : des : en-ne-mis : dont : je : suis as-si-é-gé.

Je : vous : don-ne-rai : un : es-prit : clair-vo-yant : et : vous en-sei-gne-rai : le : che-min : que : vous : de-vez : te-nir : j'ar-rê-te-rai : mes : yeux : veil-lant : à : vo-tre con-dui-te.

Tou-te-fois : ne : de-ve-nez : point : sem-bla-ble : au : che-val : et : au : mu-let : qui n'ont : point : d'en-ten-de-ment.

Vous : leur : don-ne-rez : le : mors : et la : bri-de : pour : les : em-pê-cher : de mor-dre : et : de : ru-er : con-tre : vous.

Plu-sieurs : ma-lé-dic-tions : se : ré-pan-dront : sur : les : pé-cheurs : mais : la : mi-sé-ri-cor-de : se-ra : le : par-ta-ge : de : ceux qui : met-tent : leur : es-pé-ran-ce : au Sei-gneur.

Ré-jou-is-sez : vous : donc : au : Sei-gneur hom-mes : justes : et : vous : tous : qui ê-tes : nets : de : cœur : so-yez : trans-por-tés : de : joie.

Gloi-re : au : Pè-re : etc.

PSAUME 87.

Seigneur : ne : me : re-pre-nez : point dans : vo-tre fu-reur : et : ne : me : cor-ri-gez : point : dans : le : fort : de : vo-tre co-lè-re.

J'ai : dé-jà : sen-ti : les : traits : pi-quans de : vo-tre : in-di-gna-ti-on : que : vous a-vez : dé-co-chés : con-tre : moi : et : sur qui : vous : a-vez : ap-pe-san-ti : vo-tre main.

Ma : chair : tou-te : cou-ver-te : d'ul-cè-res : é-prou-ve : bi-en : les : ef-fets : de : vo-tre : co-lè-re : et : à : cau-se : de : mes : pé-chés : mes : os : ne : re-çoi-vent : au-cun re-pos.

Car : il : est : vrai : que : mes : i-ni-qui-tés me : noi-ent : et : se : sont : é-le-vé-es : par-des-sus : ma : tê-te : el-les : m'ac-ca-blent sous : le : faix.

Mes : ci-ca-tri-ces : se : sont : en-vi-eil-li-es et : ont : dé-gé-né-ré : par : ma : fo-lie : en u-ne : cor-rup-ti-on : sans : re-mè-de.

É-tant : ain-si : de-ve-nu : mi-sé-ra-ble : et cour-bé : sous : les : en-nuis : je : che-mi-ne tout : le : jour : a-vec : u-ne : gran-de : tris-tes-se.

Mes : reins : pleins : d'u-ne : ar-deur : ex-ces-si-ve : me : cau-sent : d'é-tran-ges : il-lu-si-ons et : je : n'ai : au-cu-ne : par-ti-e : de : mon corps : où : je : ne : souf-fre.

Je : suis : si : fort : af-fli-gé : et : a-bais-sé

qu'au : lieu : de : plain-tes : mon : cœur : n'ex-pri-me : sa : dou-leur : que : par : des : hur-le-mens.

Sei-gneur : vo-yez : tou-tes : mes : in-ten-ti-ons : mes : pleurs : ni : mes : gé-mis-se-mens ne : vous : sont : point : ca-chés.

Mon : cou-ra-ge : s'é-teint : je : n'ai : plus de : for-ce : ni : de : vi-gueur : et : mes : yeux qui : sont : a-veu-glés : de : mes : lar-mes : n'a-per-çoi-vent : plus : la : clar-té.

Mes : a-mis : et : mes : pro-ches : se : sont é-loi-gnés : de : moi : me : vo-yant : ré-duit en : ce : pi-teux : é-tat.

Mes : voi-sins : s'en : sont : re-ti-rés : aus-si et : ceux : qui : cher-chent : à : m'ô-ter : la vie : y : em-ploi-ent : des : vio-len-ces.

Ils : n'é-pi-ai-ent : que : les : oc-ca-si-ons : de me : nui-re : et : tien-nent : de : mau-vais dis-cours : de : moi : ils : pas-sent : les jours : à : cher-cher : ma : rui-ne.

Né-an-moins : com-me : si : j'eus-se : é-té sourd : je : ne : les : ai : point : é-cou-té : com-me : si : j'eus-se : é-té : mu-et : je : n'ai : pas ou-vert : la : bou-che : pour : leur : ré-pon-dre.

J'ai : bou-ché : mes : o-reil-les : à : tous leurs : re-pro-ches : et : ma : lan-gue : n'a : point eu : la : pei-ne : de : re-pous-ser : leurs : in-ju-res.

Par-ce : qu'en : vous : Sei-gneur : j'ai : mis tou-te : mon : es-pé-ran-ce : Sei-gneur : mon : Dieu vous : e-xau-ce-rez : s'il : vous : plaît : ma : pri-è-re.

Je : vous : pri-e : que : mes : en-ne-mis : ne se : glo-ri-fi-ent : pas : de : mes : mi-sè-res : ni que : dès : le : mo-ment : que : j'ai : fait : un faux : pas : ils : se : dres-sent : con-tre : moi pour : me : fai-re : tom-ber.

Je : suis : pour-tant : dis-po-sé : à : souf-frir : tou-jours : la : per-sé-cu-ti-on : et : la dou-leur : que : j'ai : mé-ri-té-e : se : pré-sen-tent : con-ti-nu-el-le-ment : à : mes : yeux.

Car : j'a-vou-e : que : j'ai : com-mis : de gran-des : i-ni-qui-tés : et : je : ne : pro-po-se : à ma : pen-sée : jour : et : nuit : que : l'objet : de mon : cri-me.

Ce-pen-dant : mes : en-ne-mis : vi-vent con-tens : ils : se : for-ti-fi-ent : con-tre moi : et : leur : nom-bre : aug-men-te : tous les : jours.

Ceux : qui : ren-dent : le : mal : pour le : bien : m'ont : é-té : con-trai-res : par-ce que : j'ai-me : la : paix : et : la : dou-ceur.

Sei-gneur : ne : m'a-ban-don-nez : point dans : ces : pé-rils : mon : Dieu : ne : vous é-loi-gnez : pas : de : moi.

Ve-nez : promp-te-ment : à : mon : se-cours : mon : Sei-gneur : et : mon : Dieu puis-que : vous : ê-tes : mon : sa-lut.

Gloi-re : soit : au : Père.

PSAUME 50.

Mon : Dieu : a-yez : pi-ti-é : de : moi se-lon : vo-tre : gran-de : mi-sé-ri-cor-de.

Et : se-lon : la : mul-ti-tu-de : de : vos bon-tés : ef-fa-cez : mon : i-ni-qui-té.

Ver-sez : a-bon-dam-ment : sur : moi : de

quoi : me : la-ver : de : mes : fau-tes : net-
to-yez : moi : de : mon : pé-ché.

Je : re-con-nais : mes : of-fen-ses : et : mon
cri-me : est : tou-jours : con-tre : moi.

Con-tre : vous : seul : j'ai : pé-ché : et
j'ai : com-mis : de-vant : vos : yeux : tout
le : mal : dont : je : me : sens : cou-pa-ble
so-yez : re-con-nu : vé-ri-ta-ble : en : vos
pro-mes-ses : de-meu-rez : vic-to-ri-eux
quand : vous : pro-non-cez : vos : ju-
ge-mens.

J'ai : é-té : souil-lé : de : vi-ces : dès : l'instant : de : ma : for-ma-ti-on : et : ma : mère : m'a : con-çu : en : pé-ché.

Mais : pour-tant : comme : vous : a-vez
tou-jours : ai-mé : la : vé-ri-té : aus-si : vous
a-t-il : plu : de : me : ré-vé-ler : les : mys-tè-
res : se-crets : de : vo-tre : di-vi-ne : sa-ges-se.

Ar-ro-sez : moi : de : l'hy-so-pe : et : je : se-
rai : net-to-yé : la-vez : moi : et : je : de-vien-
drai : plus : blanc : que : n'est : la : nei-ge.

Fai-tes : moi : en-ten-dre : la : voix : in-
té-ri-eu-re : de : vo-tre : Saint : Es-prit : qui
me : com-ble-ra : de : joie : et : el-le : i-ra
jus-que : dans : mes : os : af-fai-blis : par
le : tra-vail.

Dé-tour-nez : vos : yeux : de : mes : pé-
chés : et : ef-fa-cez : les : ta-ches : de : mes
i-ni-qui-tés.

Mon : Dieu : met-tez : un : cœur : net
dans : mon : sein : re-nou-ve-lez : dans : mes
en-trail-les : l'es-prit : d'in-no-cen-ce.

Ne : me : con-dam-nez : point : à : de-meu-rer : é-loi-gné : de : vo-tre : pré-sence : ne : re-ti-rez : point : de : moi : vo-tre Saint : Es-prit.

Ren-dez : à : mon : â-me : la : joie qu'el-le : re-ce-vra : dès : que : vous : se-rez : son : sa-lut : et : as-su-rez : si : bien mes : for-ces : par : vo-tre : Es-prit : que je : ne : trem-ble : plus.

J'en-sei-gne-rai : vos : voies : aux : mé-chans : et : je : fe-rai : aux : im-pies : con-ver-tis : mi-sé-ri-cor-de.

O : mon : Dieu : le : Dieu : de : mon sa-lut : pur-gez : moi : du : cri-me : d'ho-mi-ci-de : et : ma : lan-gue : s'es-ti-me-ra heu-reu-se : de : ra-con-ter : les : mi-ra-cles de : vo-tre : jus-ti-ce.

Sei-gneur : ou-vrez : s'il : vous : plaît mes : lè-vres : et : ma : bou-che : aus-si-tôt an-non-ce-ra : vos : lou-an-ges.

Car : si : vous : eus-siez : vou-lu : des sa-cri-fi-ces : j'eus-se : te-nu : à : l'hon-neur d'en : char-ger : vos : Au-tels : mais : je sais : bien : que : les : ho-lo-caus-tes : ne peu-vent : a-pai-ser : vo-tre : cour-roux.

Un : es-prit : af-fli-gé : du : re-gret : de ses : pé-chés : est : le : sa-cri-fi-ce : a-gré-a-ble : à : Dieu : vous : ne : mé-pri-se-rez point : un : cœur : con-trit : et : hu-mi-li-é.

Sei-gneur : fa-vo-ri-sez : la : vil-le : de Si-on : sui-vant : vo-tre : bon-té : ac-cou-tu-mé-e : per-met-tez : que : les : mu-rail-les : de : Jé-ru-sa-lem : soient : re-le-vé-es.

A-lors : vous : a-gré-e-rez : des : sa-cri-fi-ces : de : jus-ti-ce : vous : ac-cep-te-rez nos : o-bla-ti-ons : et : nos : ho-lo-caus-tes et : on : of-fri-ra : des : veaux : sur : vos Au-tels.

Gloi-re : soit : au : Pè-re : etc.

PSAUME 101.

Sei-gneur : e-xau-cez : ma : pri-è-re : et ne : per-met-tez : pas : que : mon : cri me : ail-le : jus-qu'à : vous.

Ne : dé-tour-nez : point : vo-tre : vi-sa-ge de : des-sus : ma : mi-sè-re : mais : prê-te l'o-reil-le : à : ma : voix : quand : je : suis en : af-flic-ti-on.

En : quel-que : temps : que : je : vous in-vo-que : e-xau-cez : moi : promp-te-ment.

Par-ce : que : mes : jours : s'é-cou-len com-me : la : fu-mé-e : et : mes : os : se con-su-ment : com-me : un : ti-son : dans le : feu.

Mon : cœur : ou-tré : de : tris-tes-se : me fait : res-sem-bler : à : cet-te : her-be : cou pé-e : qui : est : sans : vi-gueur : et : mon à-me : est : si : af-fli-gé-e : que : j'ou bli-e : de : man-ger : mon : pain.

A : for-ce : de : me : plain-dre : et : de sou-pi-rer : mes : os : tien-nent : à : ma peau.

Je : res-sem-ble : au : pé-li-can : dans : le dé-sert : ou : à : la : chou-et-te : en-ne-mie de : la : lu-mi-è-re : qui : se : tient : dans les : trous : d'u-ne : mai-son.

Je : ne : re-po-se : point : tou-tes : les : nuits : je : de-meu-re : so-li-tai-re : com-me : le : pas-se-reau : dans : son : nid.

Mes : en-ne-mis : me : font : des : re-pro-ches : tout : le : long : de : la : jour-né-e : et : ceux : qui : m'ont : don-né : des : lou-an-ges : se : sont : ef-for-cés : de : me : dés-ho-no-rer.

Vo-yant : que : je : man-geais : de : la : cen-dre : au : lieu : de : pain : et : que : je : mé-lais : mon : breu-va-ge : a-vec : l'eau : de : mes : pleurs.

De-vant : la : pré-sen-ce : de : vo-tre : co-lè-re : de : vo-tre : in-di-gna-ti-on : puis-que : a-près : m'a-voir : é-le-vé : vous : m'a-vez : si : fort : a-bat-tu.

Mes : jours : sont : com-me : l'om-bre : du : soir : qui : s'obs-cur-cit : et : s'al-lon-ge : la : nuit : s'ap-pro-chant : le : cha-grin : me : fait : sé-cher : com-me : le : foin.

Mais : vous : Sei-gneur : qui : de-meu-rez : é-ter-nel-le-ment : la : mé-moi-re : de : vo-tre : nom : se-ra : im-mor-tel-le : pas-sant : de : gé-né-ra-ti-on : en : gé-né-ra-ti-on.

Tour-nez : vos : re-gards : sur : Si-on : quand : vous : re-vien-drez : de : vo-tre : som-meil : pre-nez : pi-ti-é : de : ses : mi-sè-res : puis-qu'il : est : temps : de : lui : par-don-ner.

Il : est : vrai : que : ces : pi-er-res : sont : tel-le-ment : chè-res : à : vos : ser-vi-teurs : qu'ils : ont : re-gret : de : voir : u-ne : si : bel-le : vil-le : dé-trui-te.

A-lors : Sei-gneur : vo-tre : nom : se-ra re-dou-té : par : tou-tes : les : na-ti-ons : et vo-tre : gloi-re : é-pou-van-te-ra : tous : les Rois : de : la : ter-re.

Quand : on : sau-ra : que : vous : a-vez re-bâ-ti : Si-on : où : le : Sei-gneur : pa-raî-tra : dans : sa : gloi-re.

Il : re-gar-de-ra : fa-vo-ra-ble-ment : la pri-è-re : des : hum-bles : et : ne : ti-en-dra point : leur : sup-pli-ca-ti-on : di-gne : de mé-pris.

Tou-tes : ces : cho-ses : sont : con-si-gné-es dans : l'his-toi-re : pour : l'ins-truc-ti-on de : la : pos-té-ri-té : qui : en : don-ne-ra des : lou-an-ges : au : Sei-gneur.

Il : re-gar-de : i-ci : bas : du : saint : lieu où : son : trô-ne : est : é-le-vé : et : du ciel : où : il : ré-si-de : il : jet-te : ses yeux : sur : la : ter-re.

Pour : en-ten-dre : les : cris : de : ceux qui : sont : dans : les : fers : et : pour : rom-pre : les : chaî-nes : de : ceux : qui : sont con-dam-nés : à : mort.

A-fin : que : le : nom : du : Sei-gneur soit : ho-no-ré : dans : Si-on : et : que : sa lou-an-ge : soit : chan-té-e : en : Jé-ru-sa-lem.

Quand : tous : les : peu-ples : s'as-sem-ble-ront : que : les : Ro-yau-mes : s'u-ni-ront : pour : le : ser-vir : et : pour : a-do-rer : son : pou-voir.

Mais : je : sens : qu'il : a-bat : mes : for-ces : par : la : lon-gueur : du : che-min il : a : di-mi-nu-é : le : nom-bre : de : mes jours.

C'est : pour-quoi : je : m'a-dres-se : à : mon Dieu : et : j'ai : dit : Sei-gneur : ne : m'ô-tez : pas : du : mon-de : au : mi-li-eu : de ma : vie : vos : an-né-es : ne : fi-ni-ront ja-mais.

Car : c'est : vous : qui : dès : le : com-men-ce-ment : a-vez : as-su-ré : les : fon-de-mens : de : la : ter-re : et : les : cieux : sont les : œu-vres : de : vos : mains.

Mais : ils : pé-ri-ront : et : il : n'y : au-ra que : vous : seul : de : per-ma-nent : et tou-tes : ces : cho-ses : vi-eil-li-ront : com-me les : vê-te-mens.

Et : vous : les : chan-ge-rez : com-me : un man-teau : ou : com-me : un : pa-vil-lon : et vous : se-rez : tou-jours : le : mê-me : que vous : a-vez : é-té : sans : que : vos : an-né-es : pren-nent : ja-mais : de : fin.

Tou-te-fois : les : en-fans : de : vos : ser-vi-teurs : au-ront : u-ne : de-meu-re : as-su-ré-e : et : ceux : qui : naî-tront : d'eux jou-i-ront : en : vo-tre : pré-sen-ce : d'u-ne gran-de : fé-li-ci-té.

Gloi-re : soit : au : Pè-re, etc.

PSAUME 129.

Sei-gneur : je : me : suis : é-cri-é : vers vous : du : plus : pro-fond : a-bî-me : de mes : en-nu-is : Sei-gneur : é-cou-tez : ma : voix

Ren-dez : s'il : vous : plait : vos : o-reil-les : at-ten-ti-ves : aux : tris-tes : ac-cens de : mes : plain-tes.

Sei-gneur : si : vous : e-xa-mi-nez : de près : nos : offen-ses : qui : est-ce : qui : pour-ra : sou-te-nir : les : ef-for-ts : de : vo-tre co-lè-re.

Mais : la : clé-men-ce : et : le : par-don se : trou-vent : chez : vous : ce : qui : est cau-se : que : vous : ê-tes : craint : et : ré-vé-ré : et : j'at-tends : l'ef-fet : de : vos : pro-mes-ses.

Mon : â-me : s'é-tant : as-su-ré-e : sur : vo-tre : pa-ro-le : a : mis : tou-tes : ses : es-pé-ran-ces : en : Dieu.

Ain-si : de-puis : la : gar-de : as-si-se : dès l'au-be : du : jour : jus-qu'à : la : sen-ti-nel-le : de : la : nuit : Is-ra-ël : es-père : tou-jours : au : Sei-gneur.

Car : il : y : a : dans : le : Sei-gneur : u-ne plé-ni-tu-de : de : mi-sé-ri-cor-de : et : u-ne a-bon-dan-ce : de : grâ-ces : pour : nous ra-che-ter.

Et : c'est : lui : mê-me : qui : ra-chè-te-ra : son peu-ple : de : tous : ses : pé-chés.

Gloi-re : soit : au : Pè-re : etc.

PSAUME 142.

Sei-gneur : e-xau-cez : ma : pri-é-re : prê-tez : l'o-reil-le : à : mon : o-rai-son : en ten-dez : moi : se-lon : vo-tre : jus-ti-ce.

N'en-trez : point : en : ju-ge-ment : a-vec : vo-tre : ser-vi-teur : car : au-cun : ne : se : peut : ja-mais : jus-ti-fi-er : de-vant : vous.

L'en-ne-mi : qui : m'a : per-sé-cu-té : sans : me : don-ner : un : mo-ment : de : re-lâ-che : m'a : pres-que : ré-duit : à : ex-pi-rer : en : mor-dant : la : pous-si-è-re.

Il : m'a : je-té : dans : l'hor-reur : des : té-nè-bres : com-me : si : j'é-tais : dé-jà : mort : au : mon-de : de : quoi : mon : es-prit : se : trou-ve : a-gi-té : par : beau-coup : d'in-qui-é-tu-des : et : mon : cœur : se : con-su-me : de : dou-leur.

Mais : je : me : suis : con-so-lé : par : le : sou-ve-nir : des : temps : pas-sés : dis-cou-rant : en : mon : es-prit : de : vos : ac-ti-ons : mer-veil-leuses : en : fa-veur : de : nos : pè-res : et : mé-di-tant : sur : les : ou-vra-ges : de : vos : mains.

Je : vous : tends : les : mien-nes : et : mon : â-me : vous : dé-si-re : a-vec : au-tant : d'im-pa-ti-en-ce : que : la : ter-re : sè-che : at-tend : de : l'eau.

Sei-gneur : e-xau-cez : moi : donc : promp-te-ment : car : mes : for-ces : me : quit-tent : et : mon : es-prit : est : dé-jà : sur : le : bord : de : mes : lè-vres.

Ne : dé-tour-nez : point : de : moi : vo-tre : vi-sa-ge : a-fin : que : je : ne : de-vi-en-ne : point : sem-bla-ble : à : ceux : qui : des-cen-dent : dans : l'a-bî-me.

Gloi-re : soit : au : Pè-re : etc.

PHRASES A ÉPELER.

J'ai-me : mon : pa-pa : Je : se-rai : bien sa-ge : et : l'on : m'ai-me-ra : bien : J'i-rai : me : pro-me-ner : tan-tôt : si : le : temps est : beau.

Quand : j'au-rai : bien : lu : ma : le-çon on : me : don-ne-ra : du : bon-bon : et des : dra-gé-es.

Les : cou-teaux : cou-pent : les : é-pin-gles : pi-quent : les chats : é-gra-ti-gnent le : feu : brû-le.

Voi-ci : un : che-val : il : a : qua-tre jam-bes : les : oi-seaux : n'ont : que : deux jam-bes : mais : ils : ont : deux : ai-les : ils vo-lent.

Les : pois-sons : ne : vo-lent : pas : ils na-gent : dans : l'eau : les : pois-sons : ne pour-raient : pas : vi-vre : dans : l'air.

Le-vez : la : tê-te : vous : ver-rez : lui-re le : so-leil.

C'est : Dieu : qui : a : fait : le : so-leil Dieu : a : fait : tout : ce : que : nous : vo-yons : il est : maî-tre : de : tout : il : sait : tout.

Pour : plai-re : à : Dieu : l'en-fant : doit o-bé-ir : à : ses : pa-rens : et : s'ap-pli-quer à : bien : li-re.

Il : faut : que : cha-cun : tra-vail-le : ce-lui

qui : ne : tra-vail-le : pas : ne : mé-ri-te : pas de : man-ger.

Le : pain : se : fait : a-vec : de : la : fa-ri-ne : la : fa-ri-ne : se : fait : a-vec : du : blé.

Pour : a-voir : du : blé : il : faut : le se-mer : a-vant : de : se-mer : il : faut : la-bou-rer : La : ter-re : est : dif-fi-ci-le : à : la-bou-rer.

Le : blé : pous-se : des : ra-ci-nes : les : ra-ci-nes : portent : u-ne : ti-ge : cet-te : ti-ge pro-duit : un : é-pi : cet : é-pi : ren-fer-me des : grains : de : blé.

Nos : che-mi-ses : sont : de : toi-le : la toi-le : se : fait : a-vec : du : fil : le : fil se : fait : a-vec : du : chan-vre : on : sè-me la : grai-ne : qui : pro-duit : le : chan-vre.

Nos : ha-bits : sont : or-di-nai-re-ment de : lai-ne : la : lai-ne : croît : sur : les : mou-tons : on : la : fi-le.

On : tond : les : mou-tons : u-ne : fois dans : l'an-née : u-ne : an-née : est : com-po-sée : de : dou-ze : mois : dans : un : mois il : y : a : tren-te : jours : et : dans : le jour : il : y : a : vingt : qua-tre : heu-res.

Quand : on : est : jeu-ne : u-ne : an-née pa-raît : bien : lon-gue.

On : croit : qu'on : ne : de-vi-en-dra : ja-mais : vieux.

La : glou-ton-ne-rie : ô-te : la : san-té.

Ne : dé-ro-bez : rien : à : per-son-ne.

Ne : je-tez : pas : de : pain : à : ter-re : si vous : en : a-vez : trop : il : y : a : des gens : qui : n'en : ont : pas : as-sez.

Ne : vous : met-tez : pas : en : co-lè-re.

CE QU'IL FAUT SAVOIR, CROIRE ET PRATIQUER POUR ÊTRE SAUVÉ.

1. Il n'y a qu'un Dieu; il ne peut y en avoir plusieurs : Dieu possède toutes les perfections; il est infiniment saint, juste, bon; il est tout tout-puissant, souverain, éternel, c'est-à-dire qu'il a été toujours et sera toujours. Dieu est un pur esprit, il n'a point de corps, on ne peut le voir, il connaît tout, jusqu'à nos plus secrètes pensées.

2. Il y a en Dieu trois Personnes réellement distinctes l'une de l'autre; la première, le Père; la seconde, le Fils; la troisième, le Saint-Esprit. Le Père est Dieu, le Fils est Dieu, le Saint-Esprit est Dieu : cependant ce ne sont pas trois dieux, mais trois personnes égales en toutes choses, qui ne sont qu'un seul et même Dieu, parce qu'elles n'ont qu'une même nature et essence divine. C'est là ce qu'on appelle le Mystère de la Très-Sainte Trinité.

3. C'est Dieu qui a créé le ciel et la terre, et tout ce qu'ils renferment : il les a faits de rien par sa seule volonté. Il a créé les Anges : les uns ont péché par orgueil, et sont dans l'enfer : les autres restés attachés à Dieu, sont heureux dans le ciel. Dieu a fait les astres, la terre, les animaux, les plantes pour l'usage de l'homme; mais il a fait l'homme à son image,

et uniquement pour connaître, aimer, servir son Dieu sur la terre, et par ce moyen gagner le paradis.

4. Le premier homme et la première femme désobéirent à Dieu, et se rendirent coupables, eux et tous leurs descendans, et c'est à cause de la désobéissance de nos premiers parens que nous apportons tous, en venant au monde, le péché originel. En punition de ce péché, ils méritèrent pour eux et pour tous leurs descendans, ou pour tous les hommes, les souffrances, les peines, la mort, la colère de Dieu, et la condamnation éternelle.

5. Dieu, cependant, voulut bien offrir aux hommes le pardon et même le ciel, et pour cela la seconde personne de la Très-Sainte Trinité, le Fils de Dieu, se fit homme; il prit un corps et une âme pour souffrir, et par ce moyen, payer à la justice de Dieu ce que nous lui devions, et nous délivrer de la puissance du démon. Le Fils de Dieu fait homme s'appelle Jésus-Christ.

6. Ainsi, dans la Très-Sainte Trinité, le Père est vrai Dieu, mais pas homme : il n'a pas de corps; il en est de même du Saint-Esprit; mais le Fils, vrai Dieu comme le Père et le Saint-Esprit, s'est fait homme pour nous racheter; il a toujours été Dieu, mais il ne s'est fait homme que depuis environ mille huit cents ans. Sans lui, nous aurions tous été privés du ciel.

7. Le Fils de Dieu prit un corps formé par l'opération du Saint-Esprit, dans le sein de la très-sainte Vierge Marie, qui ne cessa pas d'ê-

tre Vierge : c'est là le mystère de l'Incarnation: on en fait la fête le 25 mars. Il vint au monde la nuit de Noël, dans une table : il vécut sur la terre environ trente-trois ans, dans la pauvreté, l'humilité et la pratique de toutes les vertus. Il enseigna l'Evangile, fit un très-grand nombre de miracles pour prouver sa divinité; et toutes les prophéties par lesquelles Dieu l'avait annoncé aux hommes, s'accomplirent à la lettre dans sa personne.

8. Il est mort comme Homme-Dieu sur une croix pour nos péchés, le Vendredi-Saint : c'est le mystère de la Rédemption; il s'est ressuscité lui-même le troisième jour après sa mort, le jour de Pâques; il est monté au ciel par sa propre vertu, le jour de l'Ascension, quarante jours après sa Résurrection; il en descendra à la fin du monde, pour juger tous les hommes qui mourront tous et ressusciteront: il donnera le paradis aux justes; mais pour ceux qui seront morts en péché mortel, tels que les impies, les jureurs, les vindicatifs, les impudiques, les ivrognes, etc., il les condamnera à l'enfer : le ciel et l'enfer dureront éternellement, c'est-à-dire sans fin.

9. L'Eglise est la société de ceux qui professent la véritable Religion enseignée par Jésus-Christ; c'est l'Eglise catholique, apostolique et romaine. Il faut obéir à ceux qui la gouvernent par l'autorité de Jésus-Christ : ce sont les Evêques, spécialement Notre Saint Père le Pape, qui, comme chef, successeur de Saint Pierre, et Vicaire de Jésus-Christ, a

l'autorité sur tous les Evêques et sur tous les fidèles ; c'est le seul moyen de ne pas tomber dans l'erreur, selon la promesse de Jésus-Christ. Hors de l'Eglise point de salut : ainsi tous ceux qui n'appartiennent pas à l'Eglise, ou qui ne lui obéissent pas, seront damnés. L'Eglise est composée des Saints qui sont dans le ciel, des âmes qui sont en Purgatoire, et des Fidèles qui sont sur la terre : nous participons aux mérites des Saints et des fidèles, et nous pouvons soulager les âmes du Purgatoire par nos prières et nos bonnes œuvres.

Toutes ces vérités sont renfermées dans le Symbole des Apôtres : Je crois en Dieu, etc. On doit les croire fermement, non sur la seule parole des hommes qui les annoncent, mais parce qu'elles ont été révélées par Dieu même, et qu'elles sont enseignées par l'Eglise qui est infaillible.

10. Pour se sauver, il faut non-seulement croire fermement toutes ces vérités, mais il faut encore vivre chrétiennement : il faut observer les commandemens de Dieu et de l'Église, pratiquer les vertus et fuir le péché.

Il y a dix commandemens de Dieu : le premier nous ordonne de l'aimer, de l'adorer lui seul, d'aimer le prochain comme nous-mêmes, pour l'amour de Dieu ; le second d'honorer son saint nom, en nous défendant de le profaner par les juremens ; le troisième nous ordonne d'employer le Dimanche à la prière ou aux bonnes œuvres et nous défend les travaux serviles ; le quatrième ordonne d'honorer les Pères et Mères et tous les Supérieurs; le cinquième défend de tuer et de faire de mal à personne, de donner mauvais exemple, de dire ou penser mal de personne, et ordonne de pardonner à tous; le sixième défend toute impureté, et tout ce qui peut y conduire; le septième défend de prendre et de retenir le bien des autres, et de leur causer aucun dommage; le huitième défend de porter faux témoignage et de mentir; le neuvième défend le désir des mauvaises actions défendues par le sixième Commandement, et de s'arrêter à aucune pensée déshonnête; le dixième défend de désirer injustement le bien des autres.

L'Église ordonne principalement six choses : 1. de sanctifier les Fêtes qu'elle commande : 2. d'assister à la Messe avec attention, les Dimanches et les Fêtes : 3. de se confesser au moins une fois l'an : 4. de communier au moins une fois l'an, à sa paroisse, dans la quinzaine de Pâques : 5. de jeûner les Quatre-Temps, les Vigiles et tout le Carême : 6. de s'abstenir de manger gras les Vendredis, les Samedis, et autres jours d'abstinence.

11. Mais pour obéir à Dieu et à l'Église, nous avons absolument besoin de la grâce de Dieu : pour l'obtenir, il faut la demander souvent par d'humbles et ferventes prières, et toujours au nom de Jésus-Christ. La plus excellente des Prières, c'est Notre Père, etc., parce que Jésus-Christ lui-même l'a enseignée. Il est encore très-utile d'invoquer la Très-Sainte Vierge et les Saints, parce qu'ils peuvent

beaucoup nous aider par leur intercession.

12. Jésus-Christ a institué les Sacremens pour nous donner sa grâce en nous appliquant les mérites de ses souffrances et de sa mort : il y en a sept : le Baptême, la Confirmation, la Pénitence, l'Eucharistie, l'Extrême-Onction, l'Ordre et le Mariage.

13. Il y en a trois qu'il est plus essentiel de connaître, savoir : le Baptême, sans lequel personne n'est sauvé : toute personne peut baptiser en cas de danger de mort, il faut pour cela verser de l'eau naturelle sur la tête : elle doit couler sur la peau, et non pas seulement sur les cheveux; et la même personne dit au moment qu'elle la verse : Je te baptise au nom du Père, et du Fils, et du Saint-Esprit. Le Baptême efface en nous le péché originel, nous donne la vie de la grâce, et nous fait enfans de Dieu et de l'Église.

14. Le Sacrement de Pénitence est établi pour remettre les péchés commis après le Baptême; mais, pour en obtenir le pardon par ce Sacrement, il faut les confesser tous, du moins les mortels, sans en cacher un seul : avoir une très-grande douleur d'avoir offensé Dieu : demander très-instamment cette douleur à Dieu, être fermement résolu de ne les plus commettre, et d'en quitter les occasions : enfin, être décidé à faire les réparations et pénitences que le prêtre impose. Si une seule de ces dispositions manque, l'absolution reçue est un grand crime de plus et un sacrilége.

15. L'Eucharistie est le plus auguste de tous les Sacremens, parce qu'il contient Jésus-Christ tout entier, vrai Dieu et vrai homme : son corps, son sang, son âme, sa divinité : à la Messe, par les paroles de la consécration que le Prêtre prononce, la substance du pain et du vin est changée au corps de Jésus-Christ, et il n'en reste plus que les apparences : ainsi, lorsque le Saint-Sacrement est esposé sur l'autel, ou lorsqu'il est dans le Tabernacle, c'est Jésus-Christ réellement présent qu'on adore : et quand on communie, c'est Jésus-Christ qu'on reçoit pour être la nourriture spirituelle de l'âme; ce n'est pas son image, ni sa figure, comme sur un crucifix, mais c'est Jésus-Christ lui-même, c'est-à-dire, le même Fils de Dieu, le même Jésus-Christ qui est né de la Très-Sainte Vierge Marie, qui est mort pour nous sur la croix, qui est ressuscité, monté au ciel, qui est dans la Sainte Hostie aussi véritablement qu'il est au ciel : pour bien communier, il faut n'avoir sur la conscience aucun péché mortel; s'il y en avait un seul, on commettrait un énorme crime, un sacrilége : on mangerait et boirait, dit saint Paul, son jugement et sa condamnation.

16. Il faut mourir, le moment de notre mort est incertain : de ce moment dépend notre bonheur ou malheur éternel, le Paradis ou l'Enfer sera notre partage pour toujours, selon l'état de grâce ou de péché où nous nous trouverons à la mort : pensons-y-bien.

17. Les principales vertus d'un chrétien sont

la Foi, l'Espérance et la Charité : 1. la Foi est un don de Dieu, par lequel nous croyons fermement toutes les vérités qu'il a révélées à son Eglise : 2. l'Espérance est un don de Dieu, par lequel nous attendons avec confiance le ciel et les grâces pour y parvenir : 3. la Charité est un don de Dieu, par lequel nous aimons Dieu par-dessus toutes choses, pour l'amour de lui-même, et notre prochain comme nous-même pour l'amour de Dieu.

Tout Chrétien est obligé de faire souvent des Actes de Foi, d'Espérance et de Charité dès qu'il a l'usage de la raison, et lorsqu'il est en danger de mort.

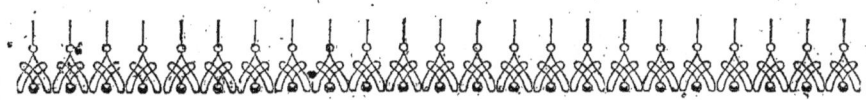

LEÇONS INSTRUCTIVES.

L'homme a deux mains : l'une qu'on appelle la main gauche, l'autre la droite, à chaque main il y a cinq doigts : le plus gros de ces doigts s'appelle le pouce.

Au bout de chaque doigt de la main est un ongle; au-dessus de chaque main est un bras, au-dessus de chaque bras est une épaule qui se joint à notre corps.

L'homme a aussi deux pieds : à chaque pied il a cinq doigts : le plus gros de ces doigts s'appelle l'orteil : au-dessus de chaque pied est une jambe : au-dessus est la cuisse qui unit la jambe au corps.

Les chevaux, les bœufs et tous ceux qu'on appelle quadrupèdes ont quatre jambes.

Les oiseaux n'ont que deux pattes qui sont armées de griffes pour qu'ils puissent s'accrocher aux branches des arbres. Les deux autres jambes sont remplacées par des ailes qui les font voler bien haut dans l'air.

Les oiseaux n'ont pas de dents, ils ont un bec qui leur sert pour fouiller la terre et y chercher leur nourriture.

Les poissons n'ont ni bras ni jambes, ils ont de petites ailes qu'on appelle nageoires et qui leur servent pour nager dans l'eau comme les oiseaux volent dans l'air. Il y a des poissons presque aussi gros qu'une maison, et d'autres aussi petits qu'une mouche.

Les serpens, les vers n'ont ni bras ni jambes, ni ailes ni nageoires ; ils rampent, ils se traînent sur la terre en se tortillant : le faible limaçon lui, ne sait que ramper ; mais il emporte avec lui sa coquille qui lui sert de maison. Retiré au fond de sa demeure et collé contre un arbre ou contre un mur, il est à l'abri de tous côtés.

L'huître et les autres coquillages ne marchent ni ne rampent ; ils ne nagent pas non plus ; ils volent encore moins : attachés à leur rocher, ils n'ont pas besoin de bouger, la mer leur apporte leur nourriture, et ils se défendent de leurs ennemis en fermant leurs coquilles.

La pluie vient des nuages, les nuages sont épais, le vent les chasse avec force : ils cachent le soleil, le temps est bien obscur, il pleut, la pluie devient plus forte, l'homme et les animaux cherchent un abri, les oiseaux se cachent sous le feuillage, la campagne est bien triste.

Mais déjà la pluie a cessé, la terre devient plus verdoyante les fleurs ont repris leur douce odeur, le soleil brille d'un nouvel éclat, les oiseaux voltigent dans l'air et font entendre leur doux gazouillement, l'homme reprend ses travaux, et tout semble animé d'une joie plus vive qu'auparavant.

Les arbres ont des racines qui s'étendent au loin sous la terre et qui servent à l'arbre comme de jambes pour se tenir debout : l'arbre a un tronc, ce tronc est son corps, ses branches sont des bras, et les rameaux sont ses doigts : à chaque rameau viennent des feuilles et des fleurs, qui plus tard deviennent elles-mêmes des fruits.

Les fleurs ont des racines comme les arbres, les racines sont comme des brins d'un gros fil, au milieu des fleurs sont les graines : si l'on met une de ces graines dans la terre, il vient une nouvelle fleur.

Les légumes sont comme les fleurs, on remue d'abord la terre avec une petite bêche : on enlève ensuite les cailloux qui s'y trouvent; puis on met les graines dans la terre, enfin on arrose les herbes avec un arrosoir, on voit sortir des laitues, des choux, etc.

La semaine se compose de sept jours qui sont : dimanche, lundi, mardi, mercredi, jeudi, vendredi, samedi, ces sept jours font une semaine.

Trente jours font un mois, douze mois font une année, voici les noms des douze mois : janvier, février, mars, avril, mai, juin, juillet, août, septembre, octobre, novembre, et décembre.

Le premier jour de *janvier* est le jour où les enfans, qui ont été obéissans, sages, et studieux, reçoivent des étrennes : il fait bien froid dans ce mois; il tombe de la neige : la rivière est glacée; le pavé est glissant; les jours sont bien courts; il faut se chauffer.

Au mois de *février*, le froid est un peu moins vif : l'herbe commence à se faire voir; les jours sont un peu plus longs; les oiseaux vont bientôt faire leurs nids. Le laboureur ensemence ses champs.

Voici *mars*, la saison des vents, où il pleut, où il fait beau dans le même jour, cependant la violette, la première des fleurs de l'année, embellit déjà nos plate-bandes.

En *avril*, le brouillard a disparu, les oiseaux chantent ; les arbres se couvrent des fleurs, les jardins répandent au loin leur doux parfum, les papillons voltigent çà et là, l'hirondelle est venue annoncer le retour des beaux jours.

Joli mois de *mai* te voilà revenu : mille fleurs charmantes viennent former des bouquets odorans. Les petits oiseaux mettent le bec hors de leurs nids pour recevoir la nourriture qu'une mère prévoyante a été chercher au loin. Tout, dans ce mois, nous invite à élever notre âme vers Dieu.

Juin est le mois des fraises, des groseilles, des cerises rafraîchissantes, si bien venues dans la brûlante saison où le laboureur aiguise paisiblement sa faucille pour faucher le foin des prairies. Le foin est coupé, on le porte dans les greniers, où on le met en réserve pour le temps où il n'y en aura plus dans les prés.

En *juillet*, comme il fait chaud, l'herbe est brûlée ; les fleurs penchent timidement leur tête sur leur tige ; mais bientôt la nuit rafraîchissante vient réparer, par d'abondantes rosées, le mal qu'avait causé la chaleur de la journée, et puis voici venir la prune, l'abricot, la figue, le melon : il faut songer à arroser les fleurs et à se mettre à l'abri sous l'ombrage.

Août annonce le temps des moissons, il fait bien chaud, les blés jaunissent, on va les couper ; on battra le blé ; puis après l'avoir réduit en farine au moulin, le boulanger en fera du pain et le pâtissier des gâteaux. Les pauvres moissonneurs sont bien fatigués ; mais dans la mauvaise saison, ils seront récompensés de la peine qu'ils ont eue dans les jours de travail.

Septembre s'avance bien vite, on s'en aperçoit à la brièveté des jours qui sont dans ce mois égaux aux nuits comme en mars. Les pommes tombent des branches des arbres qui pliaient sous leur poids, la ménagère en fera de fort bonnes confitures qui nous rappelleront en hiver le temps plus doux où le fruit fut cueilli.

Octobre est le mois des gourmands : s'il n'y a plus de fleurs dans les parterres, il a des fruits dans les celliers, et puis la noix, la châtaigne et le raisin qui, pressé dans la cuve, donne ce vin si agréable : on le mettra ensuite dans des barriques, et enfin dans les bouteilles pour boire à nos repas.

Mais *novembre* arrive, c'est le mois où les pauvres animaux ne trouvent plus d'asile dans les bois dépourvus de feuilles, le chasseur les poursuit jusqu'à ce qu'il les ait atteints de son arme meurtrière.

Décembre est froid : il tombe de la neige, le vent souffle; la promenade n'est guère agréable, combien on se réjouit alors d'avoir appris à lire et de s'être mis à même de connaître les mœurs de ces animaux dont la curiosité vous a fait si souvent regarder les images et les jolies histoires.

TESTAMENT DE SA MAJESTÉ LOUIS XVI,

ROI DE FRANCE.

« Au nom de a très-sainte Trinité, du Père, et du Fils, et du Saint-Esprit. Aujourd'hui vingt-cinquième jour de décembre mil sept cent quatre-vingt-douze, moi Louis, seizième du nom, roi de France, étant depuis plus de quatre mois renfermé avec ma famille dans la tour du Temple, à Paris, par ceux qui étaient mes sujets, et privé de toute communication quelconque, même depuis le 11 du courant, avec ma famille; de plus, impliqué dans un procès dont il est impossible de prévoir l'issue, à cause des passions des hommes, et dont on ne trouve aucun prétexte ni moyens dans aucune loi existante, n'ayant que Dieu pour témoin de mes pensées, et auquel je puisse m'adresser : je déclare ici, en sa présence, mes dernières volontés et mes sentimens.

» Je laisse mon âme à Dieu, mon créateur; je le prie de la recevoir dans sa miséricorde; de ne pas la juger d'après ses mérites, mais par ceux de notre Seigneur Jésus-Christ, qui s'est offert en sacrifice à Dieu, son Père, pour nous autres hommes, quelque indignes que nous en fussions, et moi le premier.

» Je meurs dans l'union de notre sainte mère, l'Eglise catholique, apostolique et romaine, qui tient ses pouvoirs, par une succession non interrompue, de Saint Pierre, auquel Jésus-Christ les avait confiés.

» Je crois fermement et je confesse tout ce qui est contenu dans le symbole et les commandemens de Dieu et de l'Eglise, les sacremens et les mystères, tels que l'Eglise catholique les enseigne et les a toujours enseignés. Je n'ai jamais prétendu me rendre juge dans les différentes manières d'expliquer les dogmes qui déchirent l'Eglise de Jésus-Christ; mais je m'en suis rapporté et m'en rapporterai toujours, si Dieu m'accorde vie, aux décisions que les supérieurs ecclésiastiques, unis à la sainte Eglise catholique, donnent et donneront conformément à la discipline de l'Eglise, suivie depuis Jésus-Christ.

» Je plains de tout mon cœur nos frères qui peuvent être dans l'erreur; mais je ne prétends pas les juger, et je ne les aime pas moins tous en Jésus-Christ, suivant ce que la charité chrétienne nous enseigne. Je prie Dieu de me pardonner tous mes péchés; j'ai cherché à les connaître scrupuleusement, à les détester, et à m'humilier en sa présence. Ne pouvant me servir du ministère d'un prêtre catholique, je prie Dieu de recevoir la confession que je lui en ai faite, et surtout le repentir profond que j'ai d'avoir mis mon nom (quoique cela fut contre ma volonté) à des actes qui peuvent être contraires à la discipline et à la croyance de l'Eglise catholique, à laquelle je suis toujours resté sincèrement uni de cœur. Je prie Dieu de recevoir la ferme résolution où je suis, s'il m'accorde vie, de me servir, aussitôt que je le pourrai, du ministère d'un prêtre catholique, pour m'accuser de tous mes péchés et recevoir le sacrement de pénitence.

» Je prie tous ceux que je pourrais avoir offensés par inadvertance (car je ne me rappelle pas d'avoir fait sciemment aucune offense à personne) ou ceux à qui j'aurais pu avoir donné de mauvais exemples ou des scandales, de me pardonner le mal qu'ils croient que je peux leur avoir fait : je prie tous ceux qui ont de la charité d'unir leurs prières aux miennes, pour obtenir de Dieu le pardon de mes péchés.

» Je pardonne de tout mon cœur à ceux qui se sont faits mes ennemis, sans que je leur en aie donné aucun sujet, et je prie Dieu de leur pardonner, de même qu'à ceux qui, par un faux zèle ou par un zèle mal entendu, m'ont fait beaucoup de mal.

» Je recommande à Dieu ma femme et mes enfans, ma sœur, mes tantes, mes frères et tous ceux qui me sont attachés par le lien du sang ou par quelque autre manière que ce puisse être : je prie Dieu particulièrement de jeter des yeux de miséricorde sur ma femme, mes enfans et ma sœur, qui souffrent depuis long-temps avec moi; de les soutenir par sa grâce, s'ils viennent à me perdre, et tant qu'ils resteront dans ce monde périssable.

» Je recommande mes enfans à ma femme; je n'ai jamais douté de sa tendresse maternelle pour eux; je lui recommande surtout d'en faire de bons chrétiens et d'honnêtes hommes, de ne leur faire regarder les grandeurs de ce monde-ci (s'ils sont condamnés à les éprouver) que comme des biens dangereux et périssables, et de tourner leurs regards vers la seule gloire solide et durable de l'éternité; je prie ma sœur de vouloir continuer sa tendresse à mes enfans, et de leur tenir lieu de mère, s'ils avaient le malheur de perdre la leur.

» Je prie ma femme de me pardonner tous les maux qu'elle souffre pour moi, et les chagrins que je pourrais lui avoir donnés dans le cours de notre union; comme elle peut être sûre que je ne garde rien contre elle, si elle croyait avoir quelque chose à se reprocher.

» Je recommande bien vivement à mes enfans, après ce qu'ils doivent à Dieu, qui doit marcher avant tout, de rester toujours unis entre eux, soumis et obéissans à leur mère, et reconnaissans de tous les soins et les peines qu'elle se donne pour eux et en mémoire de moi. Je les prie de regarder ma sœur comme une seconde mère.

» Je recommande à mon fils, s'il avait le malheur de devenir roi, de songer qu'il se doit tout entier au bonheur de ses concitoyens, qu'il doit oublier toute haine et tout ressentiment, et nommément ce qui a rapport aux malheurs et aux chagrins que j'éprouve, qu'il ne peut faire le bonheur des peuples qu'en régnant suivant les lois; mais en même temps qu'un Roi ne peut les faire respecter et faire le bien qui est dans son cœur, qu'autant qu'il a l'autorité nécessaire, et qu'autrement, étant lié dans ses opérations et n'inspirant point de respect, il est plus nuisible qu'utile.

» Je recommande à mon fils d'avoir soin de toutes les personnes qui m'étaient attachées, autant que les circonstances où il se trouvera lui en donneront les facultés; de songer que c'est une dette sacrée que j'ai contractée envers les enfans et les parens de ceux qui ont péri pour moi, et ensuite de ceux qui sont malheureux pour moi.

» Je sais qu'il y a plusieurs personnes de celles qui m'étaient attachées qui ne se sont pas conduites envers moi comme elles le devaient, et qui ont même montré de l'ingratitude, mais je leur pardonne (souvent dans les momens de trouble et d'effervescence on n'est pas maître de soi), et je prie mon fils, s'il en trouve l'occasion, de ne songer qu'à leur malheur.

» Je voudrois pouvoir témoigner ici ma reconnaissance à ceux qui m'ont montré un attachement véritable et désintéressé; d'un côté, si j'ai été sensiblement touché de l'ingratitude et de la déloyauté de gens à qui je n'avais jamais témoigné que des bontés, à eux ou leurs parens ou amis; de l'autre, j'ai eu de la consolation de voir l'attachement et l'intérêt gratuits que beaucoup de personnes m'ont montrés : je les prie d'en recevoir tous mes remercîmens. Dans la situation où sont encore les choses, je craindrais de les compromettre si je parlais plus explicitement; mais je recommande spécialement à mon fils de chercher les occasions de pouvoir les reconnaître.

» Je croirais calomnier cependant les sentimens de la nation, si je ne recommandais ouvertement à mon fils MM. *de Chamilly* et *Huë*, que leur véritable attachement pour moi avait portés à s'enfermer avec moi dans ce triste séjour, et qui ont pensé en être les malheureuses victimes. Je lui recommande aussi *Cléry*, des soins duquel j'ai eu tout lieu de me louer depuis qu'il est avec moi; comme c'est lui qui est resté avec moi jusqu'à la fin, je prie messieurs de la commune de lui remettre mes hardes, mes livres, ma montre, ma bourse et les autres petits effets qui ont été déposés au conseil de la commune.

» Je pardonne encore très-volontiers à ceux qui me gardaient les mauvais traitemens et les gênes dont ils ont cru devoir user envers moi : j'ai trouvé quelques âmes sensibles et compatissantes; que celles-là jouissent dans leur cœur de la tranquillité que doit leur donner leur façon de penser!

» Je prie MM. *de Malesherbes, Tronchet* et *de Sèze* de recevoir ici tous mes remercîmens et l'expression de ma sensibilité, pour tous les soins et les peines qu'ils se sont donnés pour moi.

» Je finis en déclarant devant Dieu, et prêt à paraître devant lui, que je ne me reproche aucun des crimes qui sont avancés contre moi.

» Fait double, à la tour du Temple, le vingt-cinq décembre mil sept cent quatre-vingt-douze.

» *Signé*, LOUIS. »

NOTIONS SUR LA FRANCE.

La France est divisée en quatre-vingt-six départemens, qui se subdivisent en quarante mille communes environ. On y compte trente-deux millions d'habitans. — Chaque département est divisé en arrondissemens, qui sont autant de sous-préfectures; et chaque arrondissement est partagé en plusieurs cantons. — Chaque canton a un juge de paix. — Chaque commune a un conseil municipal, composé d'un maire, d'un ou plusieurs adjoints, et d'un certain nombre de conseillers. — Chaque arrondissement a un sous-préfet, un tribunal de première instance et un procureur du roi. — Chaque département a un préfet et un conseil de préfecture. — La France a vingt-sept cours royales, vingt-sept académies, vingt archevêchés ou évêchés. — Paris est la capitale de la France. — Louis-Philippe Ier, est le roi des Français.

Les principales montagnes de la France, sont : le Puy-de-Dôme, le Mont-d'Or et le Cantal en Auvergne; les Cévennes dans le Languedoc; la Côte-d'Or en Bourgogne; les Vosges entre la Loire et l'Alsace; les Pyrénées qui la séparent de l'Espagne; les Alpes qui la séparent de l'Italie; et le Mont-Jura entre la Suisse et la Franche-Comté.

Ses principaux fleuves sont : la Seine, la Loire, la Garonne et le Rhône.

Ses principales rivières sont : l'Allier, le Cher, l'Indre, la Vienne, la Mayenne, la Sarthe, le Tarn, le Lot, la Dordogne, la Gironde, la Saône, l'Isère, et la Durance.

Ses principales forêts sont celles des Ardennes, de Compiègne, d'Orléans, de Fontainebleau, et de Villers-Cotterets.

LES NOMBRES.

Pour compter les objets que nous voyons, que nous entendons, que nous goûtons, que nous sentons, que nous touchons, on emploie les nombres.

Un 1, deux 2, trois 3, quatre 4, cinq 5, six 6, sept 7, huit 8, neuf 9, dix 10, onze 11, douze 12, treize 13, quatorze 14, quinze 15, seize 16, dix-sept 17, dix-huit 18, dix-neuf 19, vingt 20, vingt et un 21, trente 30, quarante 40, cinquante 50, cent 100, mille 1000.

Une pomme et une pomme font deux pommes.
Deux oiseaux et deux oiseaux font quatre oiseaux.
Quatre enfans et quatre enfans font huit enfans.
Cinq chevaux et cinq chevaux font dix chevaux.
Six maisons et six maisons font douze maisons.
Sept francs et sept francs font quatorze francs.
Huit moutons et huit moutons font seize moutons.
Dix paniers de raisins et dix paniers de raisins font vingt paniers de raisins.

Un et un font deux.	2.
Deux et un font trois.	3.
Trois et un font quatre.	4.
Quatre et un font cinq.	5.
Cinq et un font six.	6.
Six et un font sept.	7.
Sept et un font huit.	8.
Huit et un font neuf.	9.
Neuf et un font dix.	10.
Dix et deux font douze.	12.
Douze et deux font quatorze.	14.
Quatorze et deux font seize.	16.
Seize et quatre font vingt.	20.
Vingt et cinq font vingt-cinq.	25.
Vingt-cinq et cinq font trente.	30.
Trente et trois font trente-trois.	33.
Trente-trois et sept font quarante.	40.
Quarante et dix font cinquante.	50.
Soixante et vingt font quatre-vingt.	80.
Quatre-vingt et vingt font cent.	100.
Cent et cent font deux cents.	200.
Deux cents et cent font trois cents.	300.

Le jour a vingt-quatre heures.
L'heure a soixante minutes.
La minute a soixante secondes.
Soixante secondes font une minute.
Soixante minutes font une heure.
Vingt-quatre heures font un jour.
L'année a douze mois, qui font trois cent soixante-cinq jours.

On divise l'année en 12 mois répartis ainsi qu'il suit, entre les quatre saisons qui n'ont pas toujours la même durée.

HIVER.
1. Janvier, 31 jours.
2. Février, 28 ou 29.
3. Mars, 31.

PRINTEMPS.
4. Avril, 30.
5. Mai, 31.
6. Juin, 30.

ÉTÉ.
7. Juillet, 31 jours.
8. Août, 31.
9. Septembre, 30.

AUTOMNE.
10. Octobre, 31.
11. Novembre, 30.
12. Décembre, 31.

Cent années font un siècle.
Il y a dix-huit siècles que Jésus-Christ est venu sur la terre. C'est de là que date l'ère chrétienne.

LES CINQ SENS.

Nous avons cinq sens ou manières différentes de sentir : la vue, l'ouïe, le goût, l'odorat, le toucher.
La vue a pour organe ou instrument les yeux.
L'ouïe a pour organe les oreilles.
Le goût a pour organe la langue.
L'odorat a pour organe le nez.
Le toucher a pour organes principaux les mains et les doigts.

POPULATION DU GLOBE.

La population du globe est évaluée à environ 738 millions d'individus, savoir : 228 millions pour l'Europe ; 390 millions pour l'Asie ; 60 millions pour l'Afrique ; 39 millions pour l'Amérique ; 21 millions pour l'Océanie. L'Europe est, eu égard à son étendue, la partie du monde la plus peuplée.

On divise les habitans de la terre en cinq races principales, savoir : la race blanche, qui occupe les parties centrales de l'ancien continent et dont les caractères sont la peau blanche, les cheveux longs, la face ovale ; la race orientale de l'ancien continent, qui habite l'Asie au-delà du Gange, et qui a le teint jaune, les cheveux noirs et roides, la tête presque carrée ; la race américaine au teint cuivré, qui occupe l'Amérique ; la race nègre, répandue sur la plus grande partie de l'Afrique, et dont les principaux caractères sont la couleur noire, les cheveux laineux, le front convexe et les lèvres épaisses.

CHIFFRES ROMAINS.

1	2	3	4	5	6	7	8	9	10
I.	II.	III.	IV.	V.	VI.	VII.	VIII.	IX.	X.
20	30	40	50	60	70		80		90
XX.	XXX.	XL.	L.	LX.	LXX.		LXXX.		XC.
100	200	300	400	500	600		700		800
C.	CC.	CCC.	CD.	D.	DC.		DCC.		DCCC.
900	1000	2000							
CM.	M.	MM.							

HISTORIETTES.

LE PATISSIER.

Un Pâtissier qui allait sur un chemin en portant sur sa tête une corbeille pleine de gâteaux, en laissa tomber quelques-uns, sans s'en apercevoir. Un petit garçon marchait à quelques pas derrière lui. Il vit tomber les gâteaux, courut les ramasser et les rendit à leur maître. Je vous remercie, mon petit ami, lui dit celui-ci. Mais pourquoi ne les avez-vous pas mangés! Parce que cela n'aurait pas été bien, répondit le petit garçon. Ces gâteaux sont à vous, et je ne dois pas prendre ce qui ne m'appartient pas. Voilà qui est fort bien pensé, répliqua le Pâtissier. Vous avez fait votre devoir en me les rendant. Mais puisque vous avez été si honnête, je veux vous en donner deux pour votre récompense. Le petit garçon les reçut, en le remerciant, et il courut partager ce déjeuner friand avec son frère, ainsi que doit le faire tout enfant qui veut se faire aimer.

Après que ce brave petit garçon se fut retiré, l'homme aux gâteaux, en poursuivant sa route, en laissa tomber quelques autres de sa corbeille, qui était de beaucoup trop pleine. Un autre enfant les vit tomber à terre, et courut les ramasser. Mais il ne fut pas si honnête que le premier, car au lieu de les rendre comme lui, à leur maître, il se mit à les manger goulument. Tandis qu'il les gobait ainsi, le Pâtissier se retourna et le prit sur le fait de sa gourmandise. Qui vous a donné ces gâteaux, lui dit-il. Je les ai trouvés, répondit le petit glouton; et je les ai mangés, parce que je les aime. Mais ils m'appartenaient, répliqua le Pâtissier. Vous les aviez vus tomber de ma corbeille, et vous auriez dû me les rendre. Puisque vous vous êtes comporté comme un voleur, je vais vous corriger. A ces mots, il ôta sa corbeille de dessus sa tête, et courant de toutes ses jambes vers le petit garçon qui s'enfuyait, il l'atteignit bientôt, et le frappa rudement de son bâton.

Les cris que poussait ce malheureux vaurien furent entendus de son père. Il courut pour défendre son fils. Mais lorsqu'il eût appris la raison de son châtiment, il remercia celui qui le corrigeait d'une si bonne manière, et après lui avoir payé les gâteaux que son fils avait mangés, il emmena celui-ci dans sa maison pour le punir encore plus sévèrement de son indigne conduite.

LA PETITE LÉONORE.

Léonore était une petite fille pleine de la plus sotte vanité. Pourvu qu'elle fut bien habillée, elle pensait qu'elle n'avait plus besoin de savoir lire et travailler, qu'il fallait laisser les livres et les aiguilles aux enfans des pauvres, qui avaient besoin de s'instruire pour gagner leur vie.

Il n'y avait pas un domestique dans la maison, qu'elle n'humiliât chaque jour par ses airs de mépris; et lorsqu'elle trouvait dans la rue de petits garçons ou de petites filles, dont les vêtemens n'annonçaient pas la richesse, elle redressait sa tête, les regardait par-dessus l'épaule, et s'imaginait qu'ils n'étaient pas dignes de marcher sur le même terrain.

Elle ne traitait pas ses compagnes avec moins de hauteur. Son cœur s'enflait d'orgueil, en se comparant avec elles, parce qu'elle avait de plus jolis bijoux et de plus beaux habits. La petite Emilie venait quelquefois jouer avec elle; mais comme ses parens, quoiqu'ils fussent très-riches, la tenaient simplement vêtue, Léonore l'insultait, s'emportait même jusqu'à la battre lorsqu'elle ne voulait pas faire semblant d'être sa servante en jouant au ménage.

Ses parens avaient un procès duquel dépendait toute leur fortune; ils le perdirent et moururent de chagrin. Léonore se trouva bien malheureuse. Elle ne pouvait gagner sa vie de l'ouvrage de ses mains, parce qu'elle n'avait pas appris à travailler lorsqu'elle pouvait le faire. Après avoir été si dédaigneuse envers ses amies, il ne fallait pas songer à aller leur demander des secours. Tout le monde la rebutait. Elle sentit alors combien le mépris fait de mal aux pauvres gens. Enfin elle se crut trop heureuse de pouvoir entrer au service d'Emilie.

L'ANE EN CLASSE.

Vous êtes des ânes, disait M. Dumont, le maître d'école, à ses élèves. Cette épithète faisait de la peine aux uns, et excitait le rire des autres qui l'oubliaient bien vite en jouant.

Un jour M. Dumont, plus mécontent que de coutume, avait répété le cruel : Vous êtes des ânes; lorsque tout d'un coup un véritable âne, qui se trouvait par hasard devant la classe, attiré par quelques croûtes de pain qu'il remarque par terre, heurte la porte de sa tête, et montre aux écoliers sa face velue et ses longues oreilles.

Il n'est pas besoin de dire quel rire fou s'empara des enfans et du maître lui-même, dont la gravité ne put tenir à cette scène. Enfin, reprenant son sérieux, il voulut renvoyer Martin; mais celui-ci fit des ruades, se roula dans la salle, et s'en donna tellement qu'il culbuta tables et livres, et que l'indiscipline fut portée à son comble.

M. Dumont saisit un fouet, et, après trois ou quatre coups bien appliqués, il rendit notre âne doux comme un mouton, et le fit sortir de la classe.

L'entêtement de cet âne, dit le maître à ses écoliers, ressemble à l'obstination que vous mettez quelquefois à ne pas remplir vos devoirs. Il a cédé au fouet comme vous cédez aux ferrules et aux punitions. N'ai-je pas raison alors de vous dire que vous êtes des ânes!

Cette leçon ne fut pas perdue pour les écoliers, que cet exemple rendit aussi appliqués et raisonnables qu'ils avaient été dissipés et désobéissans.

(50)

PETITE HISTOIRE DES OISEAUX.

A.   L'AIGLE.

L'Aigle est un oiseau de proie qui tient le premier rang parmi les êtres emplumés. Son bec est crochu, ses serres sont longues et très-aiguës, ses yeux pleins de feu. Il fend l'air avec la rapidité de l'éclair, et parcourt en un clin-d'œil des espaces immenses. Il vit plus de cent ans.

B.   LE BOUVREUIL.

Le Bouvreuil est d'une forme très-gracieuse; son bec est noir, robuste et crochu. Le Bouvreuil fait son nid dans les buissons où la femelle dépose quatre ou cinq œufs bleuâtres, mouchetés de brun et de rouge; on lui apprend à former des sons doux et mélodieux, et même à parler.

C.   LA CIGOGNE.

La Cigogne est pourvue d'un gros bec, long d'environ sept à huit pouces, et médiocrement fendu. Son naturel est doux; elle n'est ni méfiante ni sauvage; quand elle est privée, elle vit volontiers dans les jardins qu'elle nettoie des insectes.

D.   LE DRONTE OU DODO.

Le Dronte est tout-à-fait différent, il a le cou épais et goîtreux, le bec d'une longueur extraordinaire, et entouré d'une rangée de plumes qui forment une espèce de capuchon. Il est si lourd qu'il ne peut voler.

E.   L'EPERVIER.

L'Epervier est un peu plus grand que le pigeon ordinaire; il a le bec bleu et crochu, l'iris jaune, et le plumage d'un brun nuancé de jaune. Il peut être apprivoisé, et il s'attache à son maître. Dans son état sauvage il commet de grands ravages parmi les petits oiseaux. Il est d'une grande intrépidité.

F.   LE FAISAN.

Aucun oiseau n'égale peut-être le Faisan pour la pureté, la délicatesse et l'élégance des couleurs, tout en lui est riche et beau. Le sommet de la tête et la partie supérieure du cou sont d'un gris argenté, mais à reflets; viennent ensuite des plumes d'un beau noir bordées de pourpre et dorées.

G.   LE GEAI.

Le Geai a le front surmonté d'un petit toupet de plumes noires et blanches qu'il dresse à son gré, le dos et la poitrine ont une teinte légère de cinabre; les ailes sont nuancées de noir, de blanc et de bleu. Sa voix est désagréable.

H.   **LE HIBOU.**

Le Hibou est un vilain oiseau dont l'aspect n'effraie pas moins que son chant sinistre. Sa tête est ronde et assez semblable à celle du chat; ses yeux formés aussi comme ceux du chat, paraissent plus propres à voir dans les ténèbres qu'en plein jour.

I.   **L'IBIS.**

L'Ibis est d'une forme peu agréable; outre la longueur démesurée de son bec, ses jambes ne sont point proportionnées à son corps. Cet oiseau était en grande vénération chez les anciens Egyptiens, parce qu'il les délivrait, dit-on, d'une espèce de petits serpens ailés qui sortaient des côtes d'Arabie et qui venaient fondre sur l'Egypte.

K.   **LE KAMICHI.**

Le Kamichi est un oiseau un peu plus grand qu'une oie, son corps est brun-verdâtre en dessus et blanchâtre en dessous : son front est surmonté d'une tige cornée qui s'élève perpendiculairement. Sa voix est très-forte. Il vit dans les marécages de la Guiane et du Brésil.

L.   **LE LORIOT.**

Cet oiseau, à peu près de la taille du merle, suspend aux branches un nid artistement fait, mange des cerises et d'autres fruits, et, au printemps, des insectes. Le mâle est d'un beau jaune; les ailes sont noires, avec les extrémités jaunes.

M.   **LE MAUVIS.**

Le Mauvis est un petit oiseau d'un plumage grisâtre portant une ligne rouge au-dessous des yeux; les plumes des ailes sont teintes d'un rouge orangé. La femelle pond, dans les haies découvertes, cinq à six œufs d'un bleu verdâtre.

N.   **LE NIGAUD.**

Le Nigaud ou petit Cormoran, est d'une grande voracité; il se nourrit de poissons vivans qu'il pêche avec beaucoup d'adresse dans la mer ou dans l'eau douce. On les appelle nigauds à cause de la stupidité avec laquelle ils se laissent attaquer par les hommes et les oiseaux.

O.   **L'OIE.**

Les Oies volent en troupe, et prennent la disposition la plus favorable pour fendre l'air avec moins de fatigue : ils se placent sur deux lignes formant un angle, ou sur une seule ligne quand la bande est peu nombreuse. Celui qui est à la pointe de l'angle va prendre la dernière place, lorsqu'il est fatigué, et tous occupent ainsi la première tour à tour.

P.   **LA PERRUCHE.**

La Perruche se distingue par la vivacité de ses couleurs, la riche variété de son plumage; mais surtout par sa grande facilité à articuler des mots. Elle est aussi douée d'une excellente mémoire et d'une étonnante sagacité. Elle se plaît à détruire tout ce qu'elle peut atteindre.

Q.   **LES QUISCALES.**

Les Quiscales sont de jolis petits oiseaux propres à l'Amérique ; ils ne visitent nos climats que dans la belle saison. On en voit une espèce qui a le corps d'un noir métallique, avec des reflets de cuivre rouge. On lui apprend à parler.

R.   **LE ROSSIGNOL.**

Le Rossignol ne brille pas par l'éclat de son plumage qui est d'un gris sombre ; mais il surpasse tous les autres oiseaux par la mélodie de ses chants. Il niche dans les buissons, et se nourrit d'insectes. Il ne vit pas long-temps en cage.

S.   **LA SARCELLE.**

La Sarcelle a le bec d'un brun foncé, son plumage est sur un fond noir tacheté de blanc ; les jambes et les pieds sont bruns et les ongles noirs. Elle se nourrit de cresson, de cerfeuil, et autres verdures, de grains et de quelques insectes d'eau. Sa chair est très-délicate.

T.   **LE TOUCAN.**

Le Toucan est remarquable par la longueur de son bec qui a jusqu'à six pouces. Sa couleur est d'un noir lustré, avec une teinte verdâtre. Les Toucans nichent dans le creux des arbres, et pondent deux œufs. On peut les apprivoiser facilement : toute nourriture leur est bonne.

U.   **L'URUBU.**

L'Urubu est une espèce de vautour commun dans le Pérou ; il vit en troupe au milieu même des villes. Sa tête est surmontée d'une crête ou caroncule : il est très-fort. Ils purgent les villes des immondices qui vicient l'air.

V.   **LE VAUTOUR.**

Les vautours ont la tête et une partie du cou presqu'à nu ; le bas du cou est garni de longues plumes disposées en cravate, au milieu de laquelle ils peuvent retirer leur tête. Leurs ongles sont robustes, aigus et un peu recourbés. Ils sont très-voraces.

CRIS DES ANIMAUX.

Le chien aboie. — Le cochon grogne. — Le cheval hennit. — Le taureau beugle. — L'âne brait. — Le chat miaule. — L'agneau bêle. — Le lion rugit. — Le loup hurle. — Le renard glapit. — Le moineau pépie. — Le corbeau croasse. — Le tourterelle gémit. — Le pigeon roucoule. — Le rossignol ramage. — Le coq chante. — La poule glousse. — La pie babille. — Le serpent siffle. — L'homme parle.

(56)

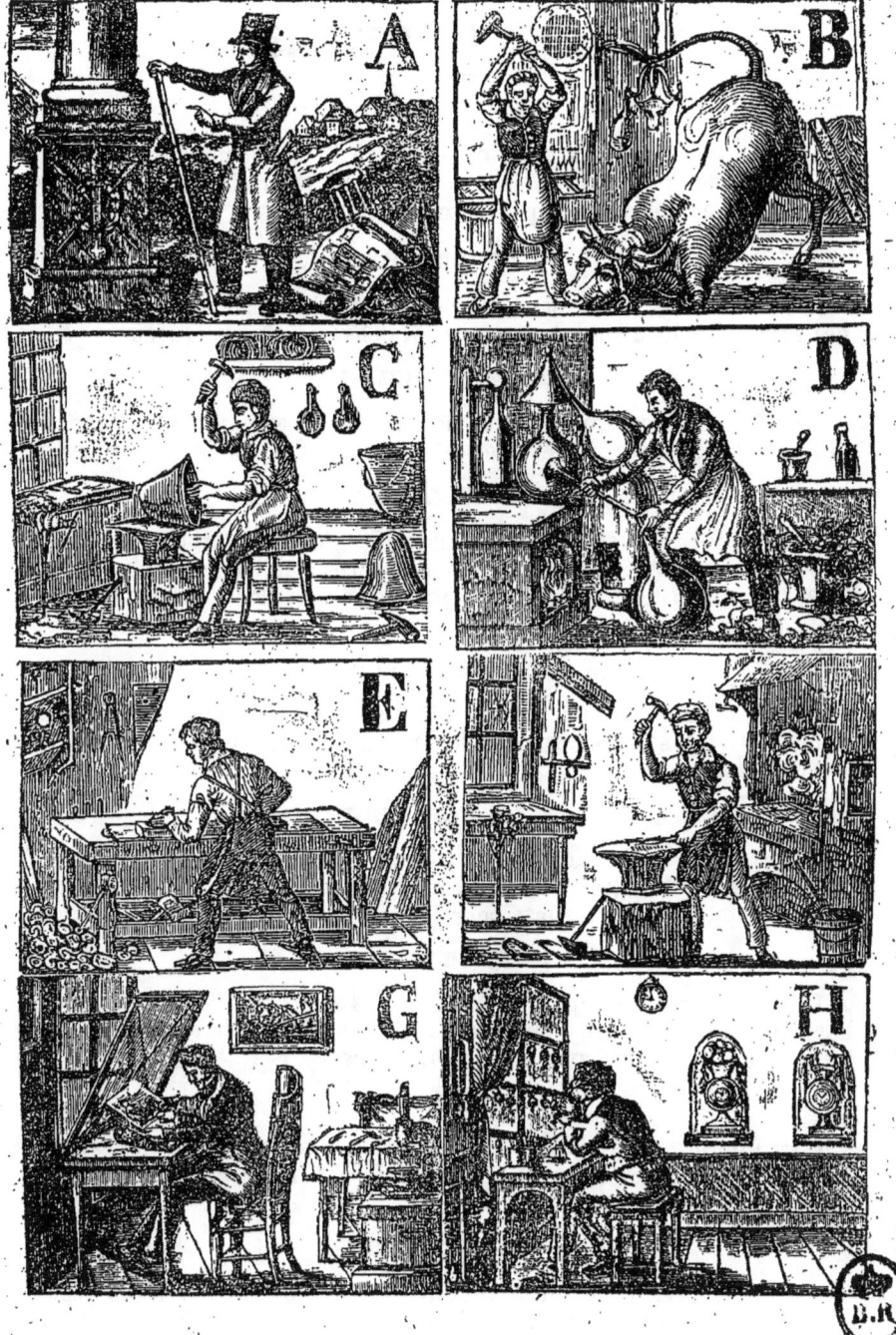

ARTS ET MÉTIERS.

A. ### L'ARCHITECTE.

L'Architecte dresse les plans des édifices, il en calcule les proportions, détermine les ornemens qui leur conviennent, et préside à leur exécution. Il doit avoir autant de goût que de science.

B. ### LE BOUCHER.

Le boucher tue les bestiaux pour en débiter la viande. Il tue des bœufs, des veaux, des moutons, des cochons, des chevreaux, des agneaux.

C. ### LE CHAUDRONNIER.

Le Chaudronnier travaille sur le cuivre; il en fait des chaudrons, des marmites, des casseroles, des cafetières, et des alambics pour distiller.

D. ### DISTILLATEUR.

Par le moyen de certaines opérations et à l'aide de certains instrumens, le distillateur extrait des substances des corps qui leur étaient adhérens. C'est l'art du distillateur qui nous procure ces liqueurs qui flattent si fort notre goût.

E. ### L'EBÉNISTE.

L'Ebéniste est celui qui travaille l'ébène ou autres menus bois. Il fait des commodes, des secrétaires, des toilettes, des nécessaires et autres ouvrages de cette nature.

F. ### LE FORGERON.

Le forgeron travaille sur le fer qu'il ramollit dans sa forge et qu'il manie ensuite à son gré à l'aide du marteau. Il fait des essieux, des fers pour les roues de voitures, des ressorts pour les suspendre.

G. ### LE GRAVEUR.

Le Graveur est celui qui imprime des traits sur le bois, le cuivre, l'acier, la pierre, avec un petit outil qu'on appelle burin. Il imite sur ces corps les gravures que vous avez dans vos cartons.

H. ### L'HORLOGER.

C'est l'Horloger qui a fait votre montre ainsi que la pendule qui est sur la cheminée de votre chambre. C'est chez lui qu'il faudra porter votre montre si vous venez à la déranger.

I. ### L'IMPRIMEUR.

L'imprimeur est celui qui fait les livres. Il lui faut pour cela du papier, de l'encre et une presse : il passe l'encre sur la lettre, il place ensuite une feuille de papier dessus, il presse, et la lettre se trouve imprimée comme vous la voyez sur votre livre.

LE JARDINIER.

J. Le Jardinier cultive les Jardins; il sème et soigne les fleurs, il taille les arbres, arrose les plantes, cela demande bien du travail; mais aussi comme il est dédommagé de ses fatigues lorsqu'il voit son parterre emaillé de belles fleurs qui répandent un suave parfum.

LE LUTHIER.

L. Le Luthier est celui qui fabrique les instrumens de musique, il les accorde, et les raccommode lorsqu'ils sont endommagés: il lui faut beaucoup d'adresse et une oreille bien exercée.

LE MAÇON.

M. Le Maçon taille les pierres, les dispose avec ordre les unes sur les autres, les joint avec du mortier et parvient ainsi à elever les plus beaux édifices.

LE NAVIGATEUR.

N. Le Navigateur est celui qui connaît la conduite d'un vaisseau. Sur ce frêle bâtiment, il s'élance au milieu des mers, et avec le secours de la boussole et des astres, il parcourt des distances immenses sans dévier de sa route.

L'OISELEUR.

O. L'oiseleur donne la chasse aux oiseaux. Il les prend de différentes manières, à la toile, à la glu, au lacet, à l'appeau. Il lui faut souvent bien de la patience, car ils ne sont pas toujours d'humeur à se laisser prendre.

LE PEINTRE.

P. Le Peintre fait les portraits, les paysages, et peut avec son pinceau représenter tous les objets sensibles, il peint sur la toile, sur le papier, sur le verre, la pierre ou le bois.

LE QUINCAILLER.

Q. Le Quincailler est celui qui s'occupe de la vente des outils utiles à l'agriculture, aux arts et métiers. C'est la véritable boutique des ouvriers; là se trouvent tous les instrumens du travail.

LE RELIEUR.

R. Quand un livre a été imprimé, il faut en ployer les feuilles; les coudre, les réunir, les couvrir, les rendre liées ensemble de manière à ce qu'on puisse le lire avec suite et sans le détruire; c'est ce qui constitue l'état du relieur.

LE STATUAIRE.

S. Le Statuaire est l'artiste qui, d'un bloc de pierre ou de marbre, en fait le buste d'un homme; qui, avec son ciseau, en retrace non-seulement les traits extérieurs mais le génie, et lui donne une seconde vie en mettant son image à l'abri des injures du temps.

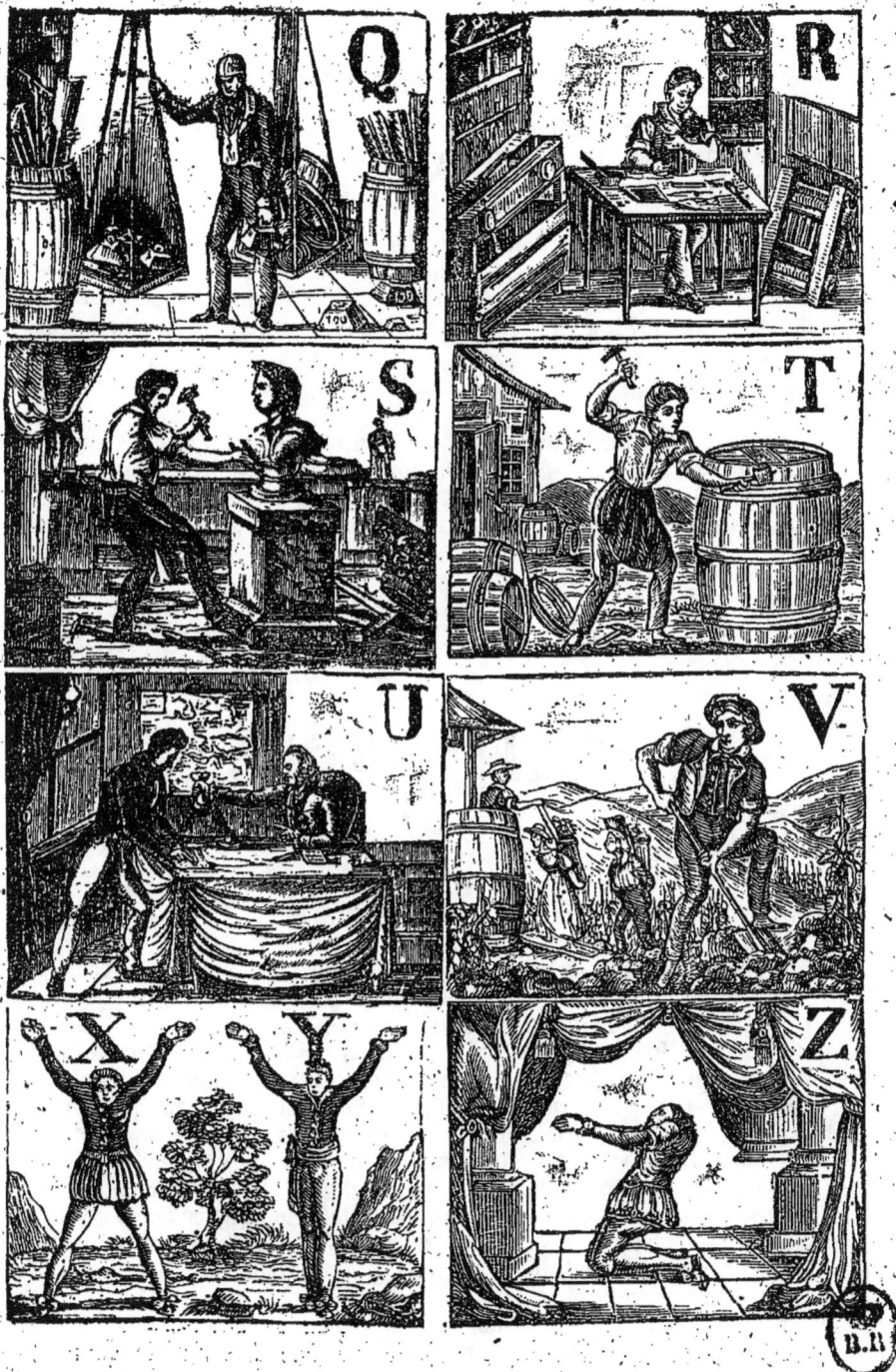

T.   LE TONNELIER.

Lorsque le vin est prêt, il faut des cuves et des barriques pour le recevoir et le transporter. Tel est le but du tonnelier.

U.   L'USURIER.

Parmi les êtres méprisables, il n'en est pas qui doive l'être à plus juste titre que l'usurier. Il ne vit qu'au détriment du malheureux auquel il ne prête l'argent qu'à gros intérêts; qu'en lui arrachant tout ce qu'il peut. Le lois punissent l'usurier, aussi ne travaille-t-il qu'en se cachant à tous les regards.

V.   LE VIGNERON.

Voilà un métier utile, autant que celui d'usurier est pernicieux. C'est aux soins du vigneron que nous devons d'avoir du vin si favorable à la santé. Pourquoi faut-il que des hommes sans éducation en abusent au point de s'enivrer et de perdre ainsi le sentiment de leur dignité, en perdant la raison.

PETITS CONTES.

—

LE BON GARÇON.

Guillot avait été élevé par ses parens dans la crainte de Dieu, et il ne commettait jamais le moindre mal, même secret, parce qu'il était persuadé que Dieu avait toujours les yeux sur lui.

Quand il fut en âge d'être utile, il entra au service d'un fermier de village, qui lui confia le soin de mener paître ses moutons. Un jour, un beau Monsieur apercevant Guillot, dont la figure gaie lui plut, s'approcha de lui, et voulut s'amuser à ses dépens. — Vends-moi un de tes moutons, lui dit-il, et je te donnerai un écu. — Monsieur, ils ne sont pas à moi; ils appartiennent à M. Richard, à qui vous pouvez vous adresser. — Mon ami, il ne tient qu'à toi de gagner cet argent : tu diras que le loup a mangé le mouton. — Je ne dirais pas la vérité, et je serais puni; quand il n'y aurait pas de témoin, Dieu me voit, il est présent partout.

Etonné de trouver tant de probité dans cet enfant, l'étranger parla de lui au curé, le fit instruire, et le mit à même de tirer ses parens de la profonde misère dans laquelle ils gémissaient.

C'est ainsi qu'un enfant attaché à ses devoirs intéresse tout le monde en sa faveur, et qu'il attire sur sa famille la bénédiction du ciel.

LES MOUCHES ET LES ARAIGNÉES.

A quoi peuvent servir les mouches et les araignées? je n'ai jamais compris de quelle utilité elles sont sur la terre. Ainsi parlait le jeune prince Altidor.

Son gouverneur lui répondit : — Mon prince, soyez sûr que rien de ce que Dieu a fait n'est inutile. Ces animaux ont leur utilité, ne servissent-ils qu'à en nourrir d'autres; mais vous moins que tout autre homme vous devriez vous plaindre de leur existence; car ces insectes ont deux fois sauvé la vie au roi votre père. — Comment cela? dit Altidor déjà repentant.

— Quand votre père monta sur le trône, auquel il avait droit par sa naissance et ses vertus, des méchans le lui disputèrent. Pour le faire périr ils employèrent les moyens les plus criminels.

Pendant une nuit d'été, votre père, au milieu de son sommeil, fut réveillé par une vive piqûre au visage. C'était une mouche qui lui causait cette douleur. Ainsi réveillé, il entendit que l'on ouvrait doucement la porte de sa chambre, il appela du secours et l'on arrêta un assassin qui voulait se glisser dans l'ombre jusqu'à son lit et le poignarder.

L'année d'après, votre père avait à se défendre contre une armée de rebelles; ayant été surpris dans son camp par des forces supérieures, il fut obligé de fuir, et se retira dans une forêt. Des soldats le poursuivirent; afin de leur échapper, il entra par une étroite ouverture dans une caverne, au milieu des rochers. Il y passa la nuit, et pendant l'obscurité une araignée forma sa toile à l'entrée.

Une troupe de soldats qui cherchaient le prince passa le lendemain matin devant sa retraite; quelques-uns voulaient visiter la caverne, mais un autre les en détourna, en disant : — S'il s'y était réfugié, il aurait emporté la toile d'araignée; il n'y a personne là, cherchons ailleurs.

Votre père, dans cette occasion comme dans l'autre, rendit gloire à Dieu qui, pour protéger les grands de la terre, sait employer les plus faibles animaux.

LE BERGER COLÈRE.

La colère est un grand péché devant Dieu; devant les hommes, c'est un défaut honteux qui nous rend semblables aux bêtes.

Un berger des Alpes, qui vivait presque toujours seul, avec un grand troupeau dont il était le propriétaire, s'était habitué à ce que tout ce qui l'entourait cédât à sa volonté. Quand il éprouvait quelque résistance, il se livrait à de violens emportemens. S'il eût vécu parmi les hommes, cette disposition à la colère eût entraîné avec elle-même sa punition; car souvent elle lui eût causé de fâcheuses affaires : mais avec ses chiens et ses moutons il croyait pouvoir s'y livrer impunément.

Un bélier capricieux et obstiné avait résisté plusieurs fois à ce que voulait le berger. Par suite, celui-ci l'avait cruellement battu; les coups, loin de rendre le bélier docile, l'avaient rendu plus entêté.

Un jour cet animal ne voulut absolument pas se diriger du côté où son maître prétendait le mener; il s'efforçait de le contraindre à obéir, le bélier le renversa d'un coup de tête. Une telle audace transporta le berger de fureur; il saisit l'animal dans ses bras et le jeta dans un précipice : aussitôt tous les moutons, les brebis, les agneaux sautèrent à la suite du bélier : car ce qu'un mouton fait, tous les autres le font.

Le troupeau entier périt, et le berger eut tout le temps de gémir et de se repentir de sa colère.

LA GRAINE DE LIN.

Une dame qui avait une grande fortune cultivait du lin sur une partie de ses propriétés. Un marchand vint chez elle et lui dit : — En vérité, vous avez grand tort de semer, dans vos terres, qui sont très-bonnes et bien cultivées, le méchant lin de ce pays. Il y en a une autre espèce beaucoup plus belle, qui pourrait y croître fort bien, mais la graine en est chère. — On m'a déjà dit cela, répondit la dame; comment pourrais-je me procurer cette bonne graine? je veux en essayer. — Si vous voulez me donner un sac de la vôtre et cinquante francs, je me charge de vous procurer un sac de cette autre graine. La dame accepta le marché et donna aussitôt ce qu'on lui demandait.

En s'en allant le marchand qui était un malhonnête homme se dit : — Bon! je lui ai déjà fait payer la graine étrangère le double de ce qu'elle vaut; quand je reviendrai, je l'attraperai bien mieux encore; je lui rapporterai celle qu'elle vient de me donner, et je gagnerai cinquante francs sans qu'il m'en coûte rien. Si elle se plaint que son lin n'est pas plus beau que les années précédentes, je lui dirai que c'est sans doute la faute du terrain.

Ainsi cet homme pervers se félicitait d'une première friponnerie et en méditait une seconde.

Quelque temps après, il rapporta à la dame sa graine qu'il avait fait mettre dans un autre sac, et comme il l'avait emprunté, il demanda qu'on le lui rendit. Il arriva qu'en vidant ce sac la dame vit briller quelque chose parmi la graine, elle prit cet objet brillant et reconnut une superbe bague d'or qui lui avait appartenu. — Ah! dit-elle, voici une bague que je perdis l'automne dernier. Si elle se trouve dans cette graine de lin, c'est qu'au lieu de m'apporter celle que vous m'aviez promise, vous me rendez la mienne, dans laquelle j'aurai laissé tomber ce bijou. Vous serez puni de cette friponnerie.

En effet, elle le fit paraître devant le magistrat, qui condamna ce fripon à restituer ce qu'il avait reçu et à payer cent francs d'amende. En outre, l'aventure fit du bruit, tout le monde regarda le marchand comme un homme sans conscience, avec lequel il était dangereux de traiter : il lui fallut renoncer au commerce.

LES CAILLOUX.

Floret servait comme garçon chez un marchand d'eau-de-vie; il s'était habitué à en boire de plus en plus, si bien qu'à la fin il en consommait chaque jour une demi bouteille, que son maître lui donnait comme gages. Cette boisson funeste détruisait sa santé; il fut obligé d'appeler le médecin, qui lui dit qu'il périrait bientôt s'il ne cessait de boire de l'eau-de-vie. —

L'habitude est trop bien prise, répondit Floret, il faut chaque jour que je vide cette bouteille, je ne puis m'en empêcher.

Le lendemain, le médecin vint et lui dit : — J'ai songé à un autre moyen; prenez cette boîte de cailloux, et tous les matins vous en jetterez trois dans votre bouteille. Si vous avez soin d'y laisser et les nouveaux et les anciens, la liqueur cessera de vous être nuisible, mais surtout ne changez pas de bouteille!

Le malade exécuta l'ordonnance, et comme chaque jour sa bouteille contenait moins d'eau-de-vie, il se déshabitua peu à peu de cette funeste boisson, et ne s'aperçut de la ruse du médecin que lorsque la bouteille fut toute pleine de cailloux.

LA PIERRE.

Philippe était un homme riche, dur et grossier; il maltraitait tous ceux qu'il employait à son service. Il se prit de querelle avec un pauvre journalier auquel il demandait une chose impossible. Celui-ci fut obligé d'abandonner le travail qu'il avait commencé. Philippe, furieux, prit une pierre et la jeta à ce malheureux qu'il atteignit. Le journalier alla ramasser la pierre et la mit dans sa poche, pensant qu'un jour ou l'autre il trouverait l'occasion de rendre à Philippe coup pour coup.

En effet, ce mauvais riche fut, dans sa vieillesse, réduit à la mendicité, et il vint demander l'aumône à la porte de la cabane du journalier. Celui-ci accourut avec sa pierre, en se disant que le moment de la vengeance était arrivé. Mais à la vue des haillons du ci-devant riche et de son air misérable, il s'arrêta et dit : — Je vois bien que l'homme ne doit jamais se venger, car si notre ennemi est fort et puissant, l'on court du danger en le faisant; la vengeance ne serait donc l'œuvre que d'un fou. Si au contraire notre ennemi est faible et malheureux, il serait infâme d'en abuser pour le maltraiter sans crainte; la vengeance alors serait l'acte d'un lâche.

SAC DE TERRE.

Un riche propriétaire avait un château accompagné d'un beau jardin, d'un potager et d'un parc. A l'extrémité de ce parc, une pauvre veuve avait un petit champ et une cabane, où elle vivait avec son enfant. Le maître du château désirait avoir le petit champ pour arrondir sa propriété, mais la veuve ne pouvait pas le lui vendre, parce que c'était l'héritage de son enfant. Ce méchant homme s'empara un jour de la terre de l'orphelin et ordonna à la veuve de s'en aller. — Je m'en irai sans me plaindre, dit-elle, et je céderai à votre violence, si vous m'accordez deux grâces : la première de me laisser emplir un sac de la terre de mon champ, et la seconde de me le charger sur les épaules. — Eh bien! j'y consens, je te mettrai ton sac sur le dos et tu t'en iras sans faire de scandale.

La pauvre femme, quand le sac fut plein, dit au riche de le soulever; mais ce fut en vain qu'il fit tous ses efforts, il ne put y parvenir. — Je vois bien, dit-il, que je ne puis tenir ma promesse; le sac est trop lourd pour moi. — Ah! si vous ne pouvez supporter pendant un instant ce qui ne forme qu'une parcelle de mon champ, comment supporterez-vous pendant l'éternité le poids du champ lui-même, qui accablera votre conscience?

Le riche fut effrayé de ces paroles, dont il sentit la vérité; il rendit le champ de l'orphelin et y ajouta quelque chose.

FIN.

LIMOGES ET ISLE, IMP. MARTIAL ARDANT FRÈRES.

www.ingramcontent.com/pod-product-compliance
Lightning Source LLC
LaVergne TN
LVHW051511090426
835512LV00010B/2476